Hundekrankheiten

Dr. med. vet. Rolf Spangenberg

Hundekrankheiten
erkennen
und behandeln

FALKEN

Inhaltsverzeichnis

⮞ Vorwort ⮜

In diesem Buch spreche ich Sie als Besitzer eines Hundes an, der Ihnen treuer Freund und Begleiter ist, und dessen Gesundheit Ihnen am Herzen liegt. Immer wiederkehrende Fragen nach dem doch merkwürdigen Sexualverhalten (Was kann man bei oder gegen Läufigkeit tun?) werden genauso beantwortet wie solche nach dem richtigen Verhalten im Krankheitsfall. Dabei darf ein wenig angewandte Verhaltenskunde nicht fehlen, denn das Tier richtig zu verstehen, verhindert bereits viele Leiden. Auch die Wahl des richtigen Tierarztes ist ein Thema dieses Buches.

Immer wieder stellt sich die Frage, welche Erkrankungen man selbst behandeln kann und bei welchen man den Hund zum Tierarzt bringen muß. Meine Antwort: Im Zweifelsfall mit dem Patienten lieber zum Tierarzt gehen. Dennoch ist es für jeden Hundehalter von Vorteil, wenn er in kritischen Situationen weiß, was zu tun ist – etwa, wenn der Hund plötzlich erbricht oder wenn er ein anderes auffallendes Verhalten zeigt.

Viele Patienten und Hundebesitzer haben – zumeist ohne es zu wissen – an diesem Buch mitgewirkt. Ihnen gilt mein besonderer Dank.

Dr. Rolf Spangenberg

⤜ Was kann man ⤛ selber machen?

*U*ntersuchen und behandeln

Ein Hund akzeptiert sein Herrchen – (respektive Frauchen) als Rudelführer und läßt sich von ihm daher alles, wirklich alles, gefallen. Sie müssen nur mit Bestimmtheit auftreten. Das ist die wichtigste Regel für den Umgang mit Hunden. Die Vierbeiner dürfen nie den Eindruck gewinnen, ein drohendes Knurren könne ihnen alle Unannehmlichkeiten vom Leibe halten. Autorität ist hier unerläßlich, wie immer man sonst auch dazu stehen mag.

Beißschutz mit Hilfe einer Krawatte: Zuerst einen einfachen Knoten auf der Schnauze binden, ihn nach unten ziehen,

… dann die beiden Enden der Krawatte hinter den Ohren des Hundes durchziehen

▬▬▬ Zum Schluß einen einfachen Knoten und eine Schleife im Nacken binden (Wichtig: fest zuziehen!)

Beißschutz und Liegeposition

Maulkörbe eignen sich als Beißschutz nicht immer, obwohl sie gelegentlich (Tollwutsperrgebiet) sogar gesetzlich vorgeschrieben sind. Viele im Handel erhältliche Maulkörbe bieten keinen absolut zuverlässigen Schutz. Deshalb mein Rat: Binden Sie Ihrem Hund einfach die

Üben Sie die folgenden Handgriffe immer wieder mal mit und an Ihrem Hund, damit er Sie als selbstverständlich empfindet. Reden Sie dabei ständig mit ihm.

Wichtig: Die Worte sind egal; allein mit dem Klang Ihrer Stimme ist er zu beruhigen und in Zaum zu halten. Denken Sie daran: Stille macht jeden Hund mißtrauisch.

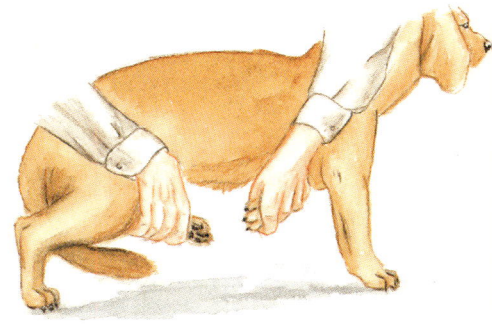

▬▬▬ So bringt man den Hund in Liegeposition: Unter dem Körper durchfassen und beide Beine, die zum Haltenden hin gewendet sind, ergreifen (Abb. oben). Den Hund hinlegen. Ein Unterarm drückt den Kopf, der andere den Körper auf die Liegefläche (Abb. unten)

Richtiges Festhalten, zum Beispiel beim Fiebermessen: Der feste Griff ins Nackenfell ist jedem Hund vertraut

Mit diesem Griff ist das Öffnen der Schnauze problemlos. Beim Schnappen würde sich der Hund in die Lefzen zwicken

Schnauze zu. Die Abbildungen auf Seite 8 und 9 oben zeigen, wie Sie es richtig machen. Als nächstes wird der Hund in die seitliche Liegeposition gebracht – die Zeichnungen auf Seite 9 zeigen, wie Sie dabei vorgehen. Für einen Helfer ist es nun leicht, eine gründliche Untersuchung vorzunehmen. Beine, Bauch, Ohren, Augen, vordere Zähne und After können nun betrachtet und betastet werden. Eine Schmerzreaktion erkennen Sie am Winseln oder am plötzlichen Lecken.

Maulhöhle untersuchen
Umgreifen Sie sie zunächst sanft, und drücken Sie, langsam kräftiger werdend, auf die Zahnreihen. Wenn der Hund irritiert das Maul öffnet, müssen Sie darauf achten, daß die Lefzen immer zwischen Ihren Fingern und seinen Zähnen liegen. So beißt er sich beim Schnappen selber, er wird es also nicht ernsthaft versuchen.

Fieber messen
Wenn Sie den Hund im Nackenfell festhalten, können Sie mühelos ein eingefettetes Thermometer in den After einführen. Es wird vorsichtig etwa 5 Zentimeter hineingeschoben und bleibt 3 Minuten im Mastdarm. Von Fieber spricht man beim Hund ab etwa 38,5 bis 39 °C. Jüngere Tiere haben übrigens eine höhere Temperatur als ältere.

Pulsfrequenz zählen
Anders als beim Menschen schwankt beim Hund die Anzahl der Pulswellen

pro Minute je nach Körpergröße sehr stark – zwischen 60 und 120, bei Aufregung noch stärker. Den Puls fühlt man mit zwei Fingern an der Innenseite des Hinterbeines – weit oben, etwa in der Mitte. Die starke Schlagader ist dort gut zu tasten. Leichte Unregelmäßigkeiten im Rhythmus gelten als normal.

Mit zwei Fingern oben an der Innenseite des Hinterbeines, etwa in der Mitte, fühlt man den Puls

Zäpfchen geben

Auch um ein Zäpfchen einzuführen, ist die Liegeposition günstig. Vor allem könnte ein selbstbewußter Hund beim ersten Mal versuchen zu beißen. Später, wenn er diese Prozedur bereits kennt, genügt es vielleicht,

Flüssige Medikamente werden in die hochgezogene Backentasche eingeflößt

wenn einer ihn am Nackenfell hält, während ein anderer mit der linken Hand den Schwanz greift und mit der rechten das Zäpfchen einschiebt. Eingefettet gleitet es leichter. Zum Schluß sollten Sie den Schwanz einige Zeit auf den After drücken. Machen Sie dann mit dem Hund einen kleinen Spaziergang. Das lenkt ihn davon ab, das Zäpfchen wieder auszupressen.

Flüssigkeiten einflößen

Dazu hält man dem Hund mit einer Hand die Schnauze zu (Nase nach oben). Die andere Hand zieht die Backentasche nach oben. Nun kann eine zweite Person das Medikament bequem einträufeln.

Doch was tun, wenn der Hund nicht schlucken will? Dann massieren Sie etwas den Kehlkopf. Bei einem besonders bissigen Tier kann man sogar die Schnauze zugebunden lassen. Gerät die Flüssigkeit in die Luftröhre und verursacht einen Hustenanfall, müssen Sie sofort loslassen bzw. das Schnauzenband lösen. Man kann das Medikament auch ins Trinkwasser geben, wenn es keinen unangenehmen Geschmack hat.

Tabletten eingeben

Tabletten sollten am besten zerbröselt unter eine kleine Futtermenge gemischt werden, aber auch nur, wenn sie nicht schlecht schmecken.
Die Unangenehmen drücken Sie in etwas weiche Wurst oder Hackfleisch und necken den Hund mit diesem Happen. Meist schluckt er den endlich erhaschten Bissen sofort hinunter. Direkt lassen sich Tabletten eingeben, wenn sie mit zwei Fingern über den Zungengrund geschoben werden. Der Hund ist dann gezwungen, einfach abzuschlucken.

Wichtig: Manche Hunde spucken Medikamente noch nach erstaunlich langer Zeit wieder aus. Sie sollten deshalb genau beobachten, ob der Hund auch wirklich geschluckt hat.

Ohrentropfen verabreichen

Wenn Ohrentropfen verabreicht werden sollen, läßt man den Hund absitzen. Die Flüssigkeit rinnt besser in den gewinkelten Gehörgang hinein, wenn Sie die Ohrmuschel sanft nach hinten und oben ziehen.
Vorsicht, das Tier versucht gleich, den Kopf zu schütteln! Dadurch wurde schon manches Kleidungsstück gründlich verschmutzt.
Also den Kopf gut festhalten, dann massieren Sie die Gegend des Ohrgrundes schonend, aber sorgfältig. Sie können den knorpeligen Gehörgang fühlen; er stößt unten an den Knochen und führt erstaunlich weit hinunter.
Wenn sie richtig gemacht wird, ist diese Massage ein Genuß für den

Das Wegziehen der Ohrmuschel nach hinten und nach oben erleichtert das Eindringen der Ohrentropfen in den Gehörgang

Beim Schneiden wird die Zange rechtwinklig zur Kralle angesetzt, damit die Schnittfläche gerade ist

Hund. Kratzt er dann mit den Hinterläufen, bedeutet das Wohlbefinden.

Krallen schneiden

Wenn die Hunde nicht regelmäßig auf hartem und rauhem Untergrund laufen, nutzen sich die Krallen nur ungenügend ab.

Merkwürdigerweise sträuben sich manche Hunde heftig gegen das Krallenschneiden. Daher wird man beim ersten Mal das Tier auf jeden Fall in die Liegeposition bringen und gut festhalten, um so die lästige Zappelei zu verhindern.

Die Abbildung oben zeigt die Schnittführung und die ungefähre Krallenlänge. Fangen Sie an der mittleren Zehe an. Vergessen Sie nicht die höher sitzende Daumenkralle. Sie wächst sonst ins Fleisch und kann Entzündungen hervorrufen, die dem Hund große Schmerzen bereiten.

Wenn der Hund auch auf Polstermöbeln sitzen darf, glätten Sie am besten die Schnittstelle noch mit einigen Feilenstrichen.

Schneiden Sie die Krallen lieber in kürzeren zeitlichen Abständen, als sie auf einmal zuviel zu kürzen. Trifft man nämlich die Krallenwurzel, verursacht das starke Schmerzen, und die Kralle wird heftig bluten.

Bei dunklen Krallen ist totes Horn schwer von durchblutetem Gewebe zu unterscheiden. Lassen Sie sich im Zweifelsfall am besten von Ihrem Tierarzt zeigen, wie man's macht.

Züchtern sei empfohlen, die Krällchen der Welpen gleich nach der Geburt zu kürzen. Weil die Krallenwurzel deutlich sichtbar ist, stellt das kein Problem dar. Die nadelspitzen Krallen werden der Hundemutter beim Trinken nämlich ins Gesäuge gestemmt, was schmerzhaft ist und Entzündungen verursachen kann.

Wichtig: Wenn der Hund seine Krallen nicht genügend abnutzt, ist das ein eindeutiges Zeichen dafür, daß er zu wenig Bewegung hat.

Bitte sorgen Sie für genügend Auslauf: Hunde sind von Natur aus Bewegungstiere und keine Stubenhocker.

Die periodische Leidenschaft

Fortpflanzungsprobleme

Eine Hündin wird in der Regel zweimal im Jahr läufig. Das macht natürlich Umstände. Trotzdem rate ich zu einer Hündin, denn Hündinnen sind meist sanfter und leichter lenkbar als Rüden. Eine Hündin wird Sie, wenn sie gut erzogen ist, leidenschaftlich verteidigen und ein treuer und aufmerksamer Begleiter sein.
Wenn Sie diese Eigenschaften nicht überzeugen, können Sie getrost einen Rüden nehmen. Sie müssen allerdings mit ihm harmonieren.

Übrigens verwischen Rassenmerkmale und natürlich die individuelle Veranlagung geschlechtsbedingte Unterschiede. Vor einer Jagdterrierhündin habe ich jeden Respekt, weit mehr als vor einem seiner Rasse nach sanften Setterrüden.

Das Liebesleben der Hündin

Von Natur aus leben Hunde für die Liebe, und sie geraten außer Rand und Band, wenn die Leidenschaft sie überfällt. Da dieses Verhalten Probleme schafft, lohnt es sich, den einzelnen Erscheinungen auf den Grund zu gehen und die vielfältigen modernen Möglichkeiten zur Steuerung des Sexualverhaltens kritisch zu prüfen.

Läufigkeit

Bei der Hündin wechseln Perioden sexueller Neutralität mit solchen ab, in denen sie paarungsbereit ist und die Sie unter den Bezeichnungen Brunst, Hitze und vor allem Läufigkeit kennen. Hündinnen werden keineswegs immer nur im Frühjahr und im Herbst läufig, wie man häufig hört. Im Gegensatz zu anderen Tieren (Schafe, Hirsche) lassen sie sich von der Jahreszeit kaum beeinflussen, sondern folgen ihrem eigenen Rhythmus. Der kann von Rasse zu Rasse und von

Tier zu Tier höchst unterschiedlich sein, bleibt aber für das jeweilige Individuum meist konstant.
6–7 Monate beträgt der durchschnittliche Abstand zwischen zwei Läufigkeitsperioden. Eine Regel sagt, daß größere Rassen längere Intervalle haben als kleine. Bekannte Ausnahmen sind die Dackel mit 7–8 Monaten und die Schäferhunde mit 4–5 Monaten Abstand.
Bei einer jungen Hündin ist die erste Läufigkeit mit 10–12 Monaten zu erwarten. Sie beginnt mit einem Anschwellen der Scheide und einem hellroten Ausfluß, der im Verlauf der Läufigkeit zunehmend dunkler wird. Halten Sie das Auftreten der Hitze Ihrer Hündin auf dem Kalender fest. So werden Sie nicht von der Läufigkeit überrascht, können Ihre Zeitplanung (Reisen) darauf einstellen und haben so eine gute Kontrolle über die Geschlechtsgesundheit Ihres Tieres. Jede stärkere Abweichung vom individuellen Rhythmus läßt nämlich eine Störung vermuten.
Die genaue zeitliche Einordnung des sexuellen Zyklus Ihrer Hündin ist auch die Voraussetzung für eine erfolgreiche Anwendung der verschiedenen Methoden zur Läufigkeitsverhinderung, über die noch gesprochen wird. Das Verhalten Ihrer Hausgenos-

Winken hier irgendwelche Liebesabenteuer? Hoffentlich wird es eine erfolgreiche Saison

sin ändert sich während der Läufigkeit meist stark. Zu Beginn der heißen Tage werden Rüden durch den Geschlechtsgeruch zwar angelockt, aber noch empört weggebissen. Lassen Sie sich aber durch das abweichende Verhalten Ihrer Hündin nicht täuschen: Wenn Ihre Aufmerksamkeit in dem gefährlichen letzten Abschnitt der Periode nachgelassen hat, gerade dann wird sie plötzlich aktiv und verliert jede Hemmung. Von vielen anderen Tierarten unterscheiden sich Hunde durch eine Besonderheit. Eine Hündin ist 6–8 Tage deckbereit und akzeptiert in diesem Zeitraum nahezu jeden Rüden, unabhängig von Rasse oder Größe. Die Befruchtung findet aber erst am Ende dieser Periode statt!

Eine Woche lang sammelt sie den Samen verschiedener Vatertiere – natürlich nur, wenn sich die Gelegenheit ergab –, erst danach sind die Eier befruchtungsfähig. So erklärt sich die Tatsache, daß Hündinnen in einem Wurf nicht nur reinrassige Welpen, sondern auch Mischlinge auf die Welt bringen können. Für Sie als Halter bedeutet das, daß Sie eine Woche lang äußerst wachsam sein müssen, selbst dann noch, wenn der Rasserüde bereits seine Pflicht getan hat.

Übrigens, in einem Mischwurf, an dem mehrere Väter beteiligt waren, sind die reinrassigen Welpen absolut einwandfrei. Mögen Zuchtwarte auch mit dem Kopf schütteln: An diesen Tieren haftet kein „Makel"!

Sie sehen, eine Läufigkeit bringt Schmutz und Unruhe ins Haus und unter Umständen sogar einen Wurf fiepender Welpen. Es bleibt Ihre Entscheidung, ob etwas bzw. was dagegen getan werden soll. Die Auswahl der Möglichkeiten (s. Seite 18–19) reicht von Läufigkeitsverschiebung über -unterdrückung bis hin zur Kastration.

Abwehr der Rüden

Bei den empfehlenswerten Maßnahmen denke ich nicht nur an einen dichten Zaun und an Türen, die fest (!) verschlossen werden müssen, weil bereits Tiere in Cockergröße Türklinken öffnen können. Und die Liebe macht bekanntlich erfinderisch! Im Handel werden Mittel zur Abwehr von Rüden in Form von Körnern, Schnüren, Dochten oder Sprays angeboten. Damit soll ein übelduftender Wall um Ihr Heim gezogen werden. Er hält eine Weile Hunde ab, die Ihr Grundstück spazierend durchqueren wollen. Einen Rüden auf der Liebesfährte schreckt das aber nicht. Besser ist es, wenn Sie mit dem Abwehrspray jeden Läufigkeitstropfen

Regulierung des Sexualverhaltens (Hündin)		
Art der Regulierung	**Mittel**	**Maßnahme**
Läufigkeitsverschiebung	Tabletten	nur in Einzelfällen; auch bei Zuchttieren
Läufigkeitsunterbrechung	Tabletten	nur in Einzelfällen; auch bei Zuchttieren
Läufigkeitsverhinderung	Injektion	zweimal jährlich; Routinemethode; nicht bei Zuchttieren
	Kastration	einmaliger Eingriff; Vorbeugung gegen Gesäugetumoren
unerwünschte Bedeckung	Injektion	Läufigkeit wird verlängert!

Wenn Sie Ihrer Hündin Chlorophyll-Präparate verabreichen, verliert sich ihr Körpergeruch und damit auch weitgehend der spezifische Duft, der sie für Rüden so unwiderstehlich macht.

geruchlich überdecken, den die Hündin, wenn sie hinein- oder hinausläuft, in der Wohnung oder im Haus verliert. Für diesen Zweck können Sie auch ein Körperpflegespray verwenden. Übrigens: Kölnisch Wasser riecht für Hundenasen ganz scheußlich. Damit werden Rüden erst gar nicht angelockt, im Gegenteil, sie wenden sich ab und laufen sichtlich angeekelt davon. Das härteste Abwehrmittel ist der Gebrauch einer Gaspistole. Die hier beschriebenen Methoden sind hilfreich, ersetzen aber nicht eine lückenlose Überwachung der läufigen Hündin, besonders gegen Ende der Hitzeperiode.

Kurzzeitige Läufigkeitsverschiebung

Wenn Sie den Läufigkeitsrhythmus Ihrer Hündin kennen, läßt sich die nächste Hitzeperiode exakt vorausberechnen.

Doch was tun, wenn der Termin Ihnen ungelegen kommt, Sie z.B. gerade in dieser Zeit eine Reise geplant haben? In einem solchen Fall kann man mit Tabletten Abhilfe schaffen. Dies ist eine praktische und ungefährliche Methode, die auch bei Zuchttieren angewendet werden kann. Sie bleibt selbstverständlich auf Einzelfälle beschränkt.

Läufigkeitsunterbrechung

Sie ist ebenfalls mit Hilfe von Hormontabletten zu erreichen, die Sie sich rechtzeitig beim Tierarzt besorgen. Die Methode ist einfach und ungefährlich, weil der natürliche Rhythmus sich schnell wieder einspielt, und ist auch bei Zuchttieren anwendbar. Sie dürfen nur die tägliche Tablettengabe nicht vergessen, sonst geraten der Rhythmus und Ihr Zeitplan durcheinander.

Läufigkeitsverhinderung

Durch eine Hormoninjektion unterbricht man den Sexualzyklus. Damit haben Sie nun alle Vorteile, die eine Hündin ihrem Besitzer bietet, ohne die Nachteile der Läufigkeit.
Wird der Zeitpunkt der Spritze richtig gewählt, wiegt das geringe Risiko die Mühen und Gefahren von zahllosen durchlittenen Läufigkeiten auf.

Wie sieht es aber mit möglichen Nebenwirkungen aus? Zwei gefürchtete Begleiterscheinungen können auftreten: Verfettung und Gebärmuttervereiterung (Pyometra) (s. Seite 80). Über die Verfettung wird noch bei der Adipositas (Seite 77) gesprochen, sie kann mit Diät vermieden werden. Meine Meinung zu Pyometra: Wenn Sie eine Hündin halten, die nie Junge bekam, so gehen Sie mit oder ohne Läufigkeitsunterdrückung zu fünf Prozent dieses Risiko ein, wenn das Tier älter wird. Aber das ist kein Todesurteil – eine Operation (Entfernung der Gebärmutter und der Eierstöcke) hilft zuverlässig und wirkt sogar verjüngend.

Kastration

Bei der Hündin versteht man darunter die operative Entfernung beider Eierstöcke. Heute wird eine entsprechende Operation zumeist mit der teilweisen Entfernung der Gebärmutter kombiniert. Ein derartiger Eingriff bietet Vorteile, hat aber auch Nachteile, über die gesprochen werden muß.

Die Vorteile:

▪ Die Hündin wird nie mehr läufig, sie ist und bleibt sexuell neutral.
▪ Das Risiko einer Gebärmuttervereiterung (Pyometra) ist ausgeschaltet.

Läufige Hündinnen vor draufgängerischen Rüden zu schützen, ist nicht einfach

▪ Geschwülste der Milchdrüse treten wesentlich seltener auf.
▪ Das Tier wird meist anhänglicher und sanfter.
Eine Kastration unterstützt also nicht nur die Bequemlichkeit des Besitzers, sondern bringt auch dem Tier gesundheitliche Vorteile.

Die Nachteile:

■ Eine Kastration läßt sich nicht wieder rückgängig machen.

■ Für den versierten Tierarzt ist die Operation zwar ein Routineeingriff, doch bleibt ein gewisses Restrisiko.

■ Durch die sexuelle Neutralisation mittels Spritze oder Kastration fällt ein Teil der Lebensenergie weg. Wird das Tier weiterhin unverändert gefüttert, so erhöht sich sein Gewicht zwangsläufig. Im Regelfall läßt sich eine Verfettung durch etwas knappere Futtermengen vermeiden oder zumindest in Grenzen halten. Auch hier spielen Rasseeigenheiten wieder eine große Rolle: Cocker sind sehr gefährdet, während das Windspiel wohl kaum ein Bäuchlein bekommt.

■ Wesensänderungen lassen sich nicht vorhersagen: Viele Hündinnen verändern ihr Wesen überhaupt nicht. Da die Ablenkung durch das andere Geschlecht wegfällt, werden einige allenfalls anhänglicher, vielleicht etwas sanfter. Bei der Beurteilung des Verhaltens können Sie nie sagen, wie sich das Tier ohne Kastration, allein durch das Älterwerden, entwickelt hätte. Man ist leicht geneigt, jede unerwünschte Charaktereigenschaft auf diesen Eingriff zurückzuführen.

■ Nach dem Eingriff kann Harnträufeln auftreten, vor allem wenn die Tiere zu jung kastriert wurden. Durch eine geeignete Hormonbehandlung läßt sich diese unangenehme Nebenerscheinung allerdings zumeist günstig beeinflussen.

Wichtig: Falls Sie vor einer Kastration und den möglichen unerwünschten Nebenwirkungen zurückschrecken oder wenn Sie wissen möchten, wie Ihre Hündin darauf reagiert, ob sich ihr Wesen verändert oder ob sie eventuell zunehmen könnte, rate ich Ihnen, einen Tierarzt aufzusuchen. Lassen Sie Ihrer Hündin die „Antibaby-Spritze" geben: eine wirklich gute Methode und sozusagen die „Kastration auf Probe", also noch nichts Endgültiges. Sie tun dem Tier allerdings keinen Gefallen, wenn Sie die Spritzenbehandlung mehrfach anfangen und dann wieder absetzen. Entgegen früheren Meinungen ist es für den Organismus nicht gut, wenn sich der blockierte Zyklus alle paar Jahre wieder normal einspielt.

Unerwünschte Bedeckung

Auf dem Höhepunkt der Läufigkeit – also gegen deren Ende – genügt ein Augenblick der Unaufmerksamkeit, und „es" ist passiert.
Da der Deckakt bei Hunden seine eigene Gesetzmäßigkeit hat, ist die

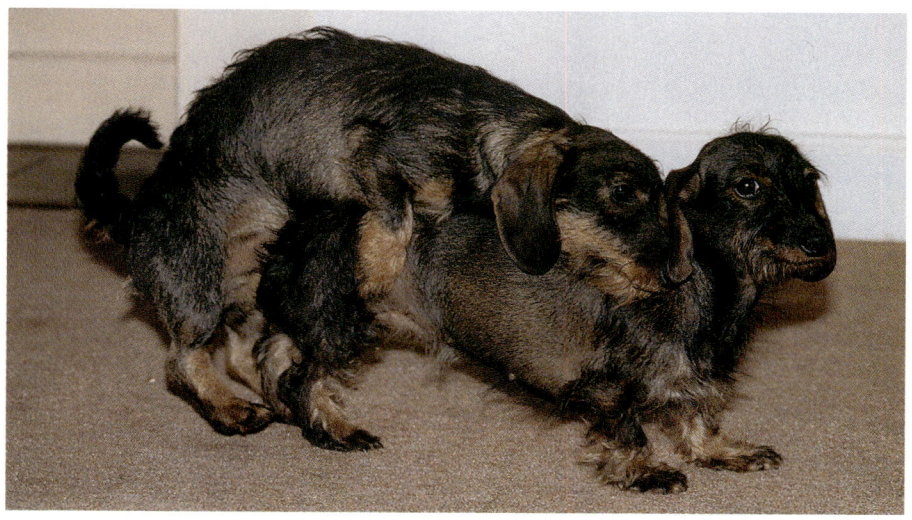

Wenn es »unerwünschterweise« passiert ist, kann Ihr Tierarzt die geeignete Behandlung vornehmen

Chance groß, daß Sie Hund und Hündin noch beim Vollzug überraschen. Jetzt kommt es auf Ihr Verhalten an: keine Trennungsversuche, kein Eimer Wasser, keine Schläge! Es wäre grobe Tierquälerei und dazu noch völlig unnütz, denn der Samenerguß hat bereits stattgefunden. Gehen Sie auch nicht zu dicht an das nunmehr mürrische Paar heran, Sie könnten gebissen werden.
Vereinbaren Sie jetzt in Ruhe mit Ihrem Tierarzt einen Termin. Etwa 3 Tage nach dem Deckakt erhält die Hündin die erste Spritze, danach werden noch zwei weitere gegeben.

Wichtig: Durch die Injektionen wird die Läufigkeit verlängert. Sie müssen also noch längere Zeit aufpassen und jede „Lücke im Überwachungssystem" zuverlässig schließen.

Das Liebesleben des Rüden

Der Rüde hat theoretisch kein periodisches Liebesleben, praktisch aber sehr wohl, da seine große Zeit mit der Läufigkeit aller Hündinnen in der engeren und weiteren Nachbarschaft in Verbindung steht. Das kann für Sie sehr lästig werden.

Wenn eine läufige Hündin aufgespürt wurde, ist ein normal hoher Gartenzaun für einen Rüden, der zum Ziel kommen will, kein unüberwindliches Hindernis

Lassen Sie Ihren Rüden ungehindert streifen, so erlebt er zwar manches schöne Abenteuer, kommt aber häufig zerbissen, zerschlagen und völlig verstört zurück, das heißt, wenn er überhaupt wiederkommt! Wenn Sie ihn im Haus oder Zwinger einsperren, falls sich in der Nachbarschaft eine läufige Hündin befindet, wird er erbarmungswürdig leiden. Winselnd will er Ihr Herz erweichen, er wird an den Türen kratzen oder die Nahrung verweigern, je nach Eigenart. Sind keine Hündinnen in Streifnähe, so wird Ihr Rüde immer brav und wohlerzogen bleiben. Hat er nur eine Freundin in der Nachbarschaft, müssen Sie halt zweimal im Jahr die Unruhe in Kauf nehmen. Wohnen Sie aber in einer hundereichen Gegend, so müssen Sie ernsthafte Maßnahmen ergreifen, zum einen im Hinblick auf das Wohlergehen Ihres Hundes und zum anderen hinsichtlich eines weiteren guten Einvernehmens mit Ihren Nachbarn.

Beruhigungsmittel

Es gibt eine ganze Reihe erprobter Präparate, die seelische Krisen zu überwinden halfen. Verwenden Sie nicht einfach Medikamente aus der Hausapotheke, sondern lassen Sie sich vom Tierarzt beraten. Manche für Menschen gedachte Präparate führen nämlich bei Hunden gelegentlich zu paradoxen Reaktionen; so werden sanfte Tiere plötzlich frech und bissig, das heißt durch das Medikament enthemmt.
Beruhigungsmittel helfen bei kürzeren Krisen gut, sie eignen sich allerdings nicht für eine Dauerbehandlung.

Hormonelle Dämpfung

Einige Rüden leiden an einem überstarken Geschlechtstrieb *(Satyriasis)*, andere befinden sich durch zahlreiche Hündinnen in der Nachbarschaft fast ständig in unerträglichem Ausnahmezustand. Da ist eine kurzfristige Beruhigung wenig sinnvoll.

In diesem Falle helfen Hormonpräparate – übrigens der gleiche Typ, der auch Hündinnen zur langfristigen Verhinderung der Läufigkeit gegeben wird. Sie müssen injiziert werden, und ihre Wirkung hält lange an. Genau läßt sich die Dauer nicht vorhersagen, da sie von der Ausgangssituation abhängt.

Wichtig: Eines muß klar gesagt werden: Beruhigungsmittel und Hormonpräparate bieten keinen absoluten Schutz vor unerwünschten Deckakten. Um eventuelle Schadenersatzan-sprüche zu vermeiden, müssen alle anderen Vorsichtsmaßnahmen streng eingehalten werden.

Wenn ein aktiver Rüde etwa mit heißen Hündinnen in einer Hausgemeinschaft lebt, so wird die hormonelle Dämpfung etwa 2–3 Wochen anhalten – in einem günstigeren Falle bis zu einem Vierteljahr oder länger. Nebenwirkungen sind nicht zu befürchten, die Tiere werden allenfalls ruhiger und sanfter.

Kastration

Gegen die Kastration eines Rüden bestehen starke psychologische Widerstände, vor allem von männlicher Seite, die sich sachlich kaum erklären lassen. Die Operation ist unkompliziert und wird schmerzfrei in Narkose durchgeführt. Der erwachsene Rüde behält auch sein männliches Aus-

Regulierung des Sexualverhaltens (Rüde)		
Art der Regulierung	**Mittel**	**Maßnahme**
Triebdämpfung	Beruhigungsmittel	nur kurzfristig wirksam
	Hormone	längerfristig wirksam
	Kastration	langfristig wirksam

sehen, nur jung kastrierte Tiere bleiben jugendlich weiblich.

Die Psyche des Rüden leidet zweifellos mehr unter dem gewaltsam unterdrückten Trieb, als darunter, daß dieser schlicht wegfällt. Sie sollten diesen Vorgang nicht aus menschlicher Sicht betrachten. Das Tier selbst empfindet keinen Verlust! Kastrierte Hunde werden ruhiger, somit ist die Kastration auch das letzte Mittel bei zu großer Schärfe. Für die mögliche Verfettung gilt das gleiche wie für die kastrierte Hündin: Bei entsprechender Diät dürfte es keine Probleme geben. Zusammenfassend kann man sagen: Die Kastration bleibt die sicherste Methode, um sexuell überaktive Rüden zu braven Hausgenossen zu machen. Medizinische Einwände gibt es praktisch nicht.

Sterilisation

Dabei werden der Hündin die Eileiter oder dem Rüden die Samenleiter durchtrennt. Beide Geschlechter bleiben sexuell aktiv, können sich nur nicht mehr fortpflanzen. Das mindert die Belästigung der Besitzer aber nicht, weshalb diese Methode wohl kaum in Frage kommen dürfte.

🌿 Der Hund hat Fieber 🌿

Infektionskrankheiten und Impfungen

Sicher wird es für Sie im Ernstfall schwierig sein, die verschiedenen Infektionskrankheiten voneinander abzugrenzen; deshalb sind Grundkenntnisse von den typischen Infektionen sehr hilfreich: sie sollen Ihnen hier vermittelt werden. Zahlreiche neue wissenschaftliche Erkenntnisse haben die Möglichkeiten der Heilung und vor allem der Vorbeugung verbessert. Nehmen Sie zum Tierarzt stets den Impfpaß mit. Aus ihm kann der Arzt ersehen, ob ein ausreichender Impfschutz gegeben ist.

Staupe

Die Staupe befällt zumeist Junghunde, aber auch ältere können noch erkranken. Besonders gefährdet sind geschwächte Tiere, die Parasitenbefall, andere Erkrankungen oder seelischen Kummer haben. Die Staupe wird durch ein Virus verursacht, und dieses verhält sich tückisch. Etwa 3–6 Tage nach der Ansteckung bricht die Krankheit aus. Zunächst ist sie von einer schweren Erkältung nicht zu unterscheiden.

Wichtig: Wenn die Augen gerötet sind, die Nase läuft und das Tier matt, unlustig und appetitlos ist, sollte man zum Tierarzt gehen! Lassen Sie sich nicht zur Selbstbehandlung verleiten!

Welpen sind extrem anfällig für jede Art von Infektion

Ein mit kurzer Scheinheilung verbundener **zweimaliger Fieberschub** ist typisch für die Staupe. Nach dem Virus besiedeln Bakterien ein besonders vorgeschädigtes Organsystem. Die Augen können betroffen sein, es kann die Lunge (Lungenstaupe), der Magen-Darm-Kanal (Darmstaupe), aber ebenso fast jedes andere Organ sein. Jetzt muß der Tierarzt alle Mittel einsetzen, die ihm zu Gebote stehen. Durch gute Pflege können Sie die Heilmaßnahmen wirksam unterstützen. Im unmittelbaren Anschluß an den zweiten Krankheitsschub oder auch einige Wochen später kann es zur gefürchteten „nervösen Staupe" kommen, auf die hier nicht näher eingegangen werden kann. Sie ist die häufigste Ursache der Epilepsie (Fallsucht) beim Hund (s. Seite 82). Achtung: Nach jüngsten Beobachtungen von Fachleuten tritt die Staupe wieder häufiger auf.

Hartballenkrankheit

Neben der klassischen Staupe gibt es noch eine bösartige Form, die Hartballenkrankheit *(Hard pad disease)*. Hier fehlt der staupetypische zweimalige Fieberschub, schnelle Todesfälle sind häufig. Falls der Hund die zweite Krankheitswoche erlebt, tritt eine starke Verhornung der Ballen – daher auch die Krankheitsbezeichnung – und des Nasenspiegels ein.

Das Staupevirus kann von kranken Hunden bis zu 2 Monate lang ausgeschieden werden – die gesunden Tiere infizieren sich daran. Außerhalb des Körpers wird das Virus bei Temperaturen um 20 °C schon nach einem Tag unwirksam, bei Sonnenlicht noch schneller. Hauptinfektionsquelle sind also kranke Hunde!

Wichtig: Behandeln ist ein Notbehelf, die Staupe sollte unbedingt durch eine zuverlässige Impfung vermieden werden.

Ansteckende Leberentzündung

Die *Hepatitis contagiosa canis* (H.c.c.) verläuft ähnlich wie die Staupe. Welpen sterben meist ganz plötzlich daran, ältere Tiere haben, wie bei der Staupe, alle Anzeichen einer schweren Erkältung mit Fieber. Der zweimalige Fieberschub fehlt allerdings. Beim Druck auf den Bauch (Hochheben) geben die betroffenen Tiere zu erkennen, daß sie Schmerzen haben. Charakteristisch ist eine Hornhauttrübung, die häufig auftritt, wenn die Krankheit bereits überstanden wurde. Bei der ansteckenden Leberentzündung sind die Heilungsaussichten günstiger als bei der Staupe, sofern die fachgerechte Behandlung rechtzeitig einsetzt. Bei Welpen wird sie aber meist zu spät kommen.

Wenn Sie die Komplikationsmöglichkeiten bedenken – Hornhauttrübung, auch nervöse Form – dürfte der Entschluß zur bewährten **Schutzimpfung** wohl nicht schwerfallen.

Leptospirose

Durch eine bestimmte Bakterienart, die *Leptospira icterohaemorrhagiae,* wird die sogenannte **Stuttgarter Hundeseuche** verursacht.

Viele Leptospirenarten finden sich bei Nagetieren in oder am Wasser. Jagdhunde sind daher besonders gefährdet. Erstes Anzeichen einer Leptospirose ist häufig eine Schwäche der Hinterhand: Treppensteigen wird mühsam. Dann tritt Mattigkeit auf, die Augen werden rot – wie bei der Staupe –, und besonders schlimm ist es, wenn Durchfall und Erbrechen dazukommen.

27

Wenn Hunde häufig ins Wasser springen dürfen oder müssen, besteht erhöhte Leptospirose-Gefahr

Vor allem gelbliche Augen und eine gelbliche Maulschleimhaut sind sichere Zeichen für einen schweren Verlauf der Gelbsucht. Sie ist immer mit einer Nierenentzündung verbunden, bei der sich Eiweiß im Urin zeigt. Bei rechtzeitigem Beginn der Behandlung sind die Aussichten auf Heilung aber relativ gut.

Die Leptospirose hat besondere Bedeutung, weil einige Erreger auch beim Menschen zu Erkrankungen führen können, wobei Fieberschübe vorherrschen.

Wichtig: Bei Leptospirose ist eine Schutzimpfung dringend zu empfehlen, wenn sie auch nicht so zuverlässig wirkt wie bei den anderen genannten Infektionen.

Tollwut

Wohl niemand kann sich dem Schrecken entziehen, den das Wort „Tollwut" auslöst. Diese Virusinfektion befällt Mensch wie Tier und führt ausnahmslos zum Tode. Einzelne Heilungen sind zwar bekannt, niemand wird sich aber darauf verlassen können. Bei der Ansteckung zeigen sich erste Krankheitsanzeichen in einem Zeitraum von einer Woche bis zu einigen Monaten nach der Rauferei mit einem tollwütigen Tier. Sie sind aber leider nur wenig typisch. Die rasende Wut mit Beißsucht und zwanghafter Unruhe gibt es kaum mehr. Heute wirken tollwütige Hunde meist benommen, später kommt es zur Lähmung, die am Unterkiefer beginnt, und dann zu Speichelfluß und zur Veränderung der Stimme (sie wird heiser) führt. Wenn ich auch sonst zur Besonnenheit rate: Schalten Sie beim geringsten Tollwutverdacht unbedingt einen Tierarzt ein! Hier ist allerdings nicht der Haustierarzt zuständig, der Sie auf Wunsch natürlich beraten wird, sondern der Amtstierarzt.

Wichtig: Wenn in Ihrer Wohnumgebung nur der geringste Verdacht auf Tollwut besteht, ist die Schutzimpfung anzuraten. Sie ist sehr wirksam und unschädlich.

Toxoplasmose

Neueste Erkenntnisse besagen, daß die Toxoplasmose *nicht* durch Hunde auf den Menschen übertragen wird. Diese Krankheit, verursacht durch einen Einzeller, führt beim ungeborenen Menschen zu Mißbildungen, aber auch Kleinkinder sind gefährdet. Toxoplasmose wird nur durch Katzen oder durch den Genuß von rohem

Fleisch auf den Menschen übertragen. Beim Hund bleibt diese Erkrankung meist unentdeckt, schwere Verlaufsformen sind selten. Eine Impfung gibt es nicht, sie erscheint auch unnötig.

Parvovirose (Katzenseuche)

Eine relativ neue Hundekrankheit ist die Parvovirose. Sie wurde allgemein als „Katzenseuche" bekannt. Tatsächlich handelt es sich um ein Virus, das dem Erreger einer Katzenkrankheit *(Panleukopenie)* ähnelt, ohne mit diesem identisch zu sein. Für den Menschen bedeutet dieses Parvovirus keine Gefahr.

Impfplan		
Erstimpfung (Grund-immunisierung)	8. Lebenswoche	Impfung gegen **Staupe, Hepatitis c.c., Parvovirose** und **Leptospirose.** Ist die Impfung beim Züchter erfolgt, auf entsprechende Eintragungen im Impfpaß achten!
	12. Lebenswoche	Impfung wie oben oder mit zusätzlichem Schutz gegen **Tollwut**
1. Wiederholung	nach 1 Jahr	**gegen alles plus Tollwut**
Weitere Wiederholungen	jährlich	**Tollwut, Leptospirose**
	alle 2 Jahre	**Staupe, Hepatitis c.c., Parvovirose**

In Sonderfällen, etwa bei kranken oder verletzten Hunden, besonderer Infektionsgefahr oder anderem, wird der Tierarzt den Plan entsprechend ändern.

Wichtig: Die Übertragung erfolgt von Hund zu Hund oder durch Menschen, die das Virus weitertragen. Weder können Hunde sich an Katzen anstecken noch umgekehrt.

Welpen sterben an der Parvovirose sehr schnell aufgrund einer Herzmuskelentzündung. Sie sind hochgradig gefährdet, wenn sich der Erreger in ihrer Umgebung befindet. Bei älteren Tieren tritt zunächst unstillbares Erbrechen, dann blutig-wäßriger Durchfall auf. Dabei sind sie apathisch und völlig appetitlos. Auch bei fachgerechter Therapie sind die Aussichten auf Heilung nur gering. Die vorbeugende **Impfung** hat sich bewährt. Sie ist Züchtern und Besitzern junger Hunde dringend anzuraten. Bei erwachsenen Tieren bleibt es eine Ermessensfrage. Lassen Sie sich von Ihrem Tierarzt beraten. Hat er Parvovirosefälle in seiner Praxis beobachtet, ist eine Impfung empfehlenswert. Bitte keine übertriebene Panik! Durchfälle sind bei Hunden sehr häufig und ganz natürlich. Keinesfalls liegt immer eine Parvovirose vor. Wie auch der vorstehende Impfplan zeigt, wird die Impfung gegen Porvovirose häufig schon routinemäßig durchgeführt.

Verletzungen, Krankheiten und Leiden

Verkehrsunfall

Jeder hat es wohl schon erlebt: Bremsen kreischen, dann ein dumpfer Aufprall. Der Hund rollt über die Straße oder fliegt durch die Luft. Kaum traut man sich hinzusehen, dabei müssen Sie gerade jetzt schnell und entschlossen handeln. Es gilt, eine gewisse Reihenfolge einzuhalten, auch wenn alle Beteiligten unter Schock stehen.

1 Unfallfahrzeug identifizieren!
Auch für einen Autofahrer ist ein Unfall immer ein schlimmes Ereignis, das die merkwürdigsten Reaktionen bewirken kann.

2 Den Hund sofort anleinen!
Das stark geschockte Tier wird – je nach Stärke des Aufpralls – zitternd dastehen oder daliegen. Leinen Sie ihn sofort an, denn es passiert häufig, daß selbst gutmütige und gehorsame Hunde nach einem Unfall flüchten.

3 Den Hund gut beobachten!
Unmittelbar nach dem Aufprall kann der Hund noch recht normale Bewegungsabläufe gezeigt haben. Später – wenn Schmerzen einsetzen – sieht das ganz anders aus. Dem Tierarzt ist der Hinweis auf den Erstzustand aber wichtig, denn wenn der Hund noch laufen konnte, wird wohl kein Knochenbruch vorliegen.

4 Keine Diskussionen mit dem Fahrer!
Niemand kann oder soll unmittelbar nach dem Unfall entscheiden, wer nun schuldig ist.

5 Ruhe bewahren, weitere Überlegungen anstellen!
Der erste Schock ist abgeklungen, die Neugierigen haben sich verlaufen. Sie sind mit Ihrem Hund allein. Falls eine bedrohlich wirkende Blutung vorliegt, muß sie gestillt werden. Bitte keine Gliedmaßen abbinden! Nehmen Sie Verbandszeug aus dem Wagen des Unfallfahrers, und wickeln Sie es straff um die blutende Stelle. Es läßt sich nicht wickeln? Dann pressen Sie es mit der Hand fest darauf. Ohnehin müssen Sie jetzt auf schnellstem

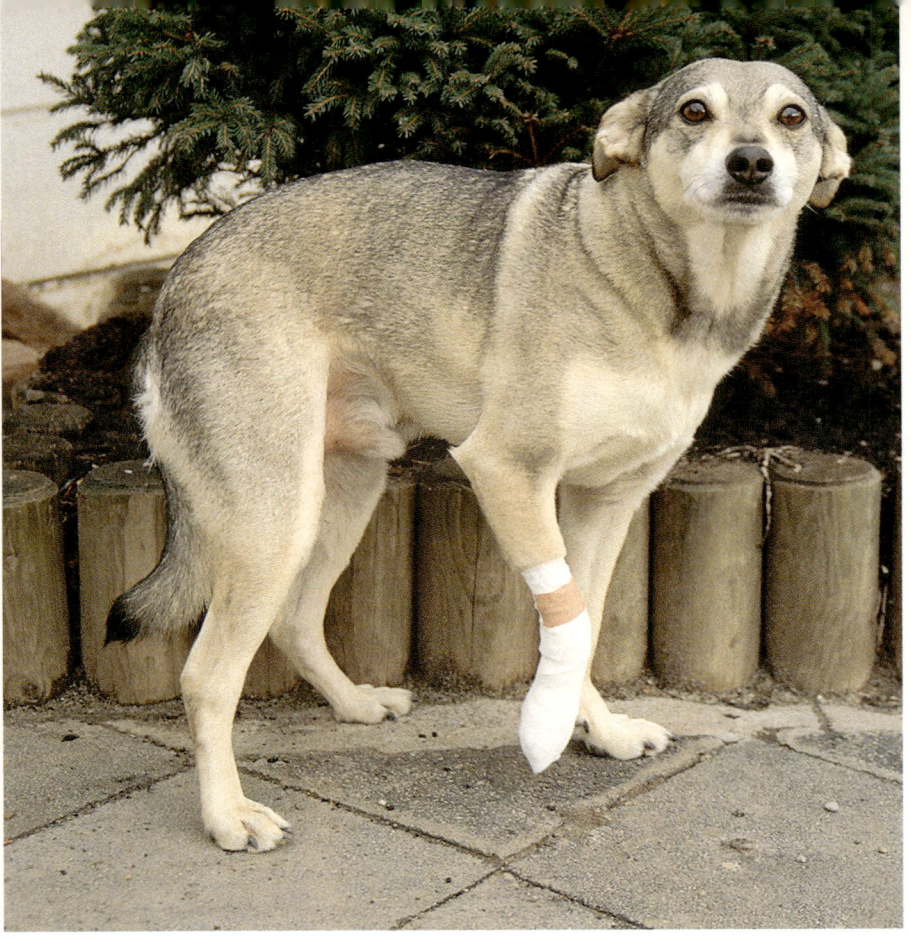

Wege den Tierarzt aufsuchen. Wenn die Umstände es erlauben, rufen Sie am besten vorher an. Dann kann sich die Praxis bereits auf Ihr Kommen einrichten.

Nehmen wir den günstigsten Fall: Nach der Kollision steht das Opfer – wenn auch etwas zersaust und zitternd – da und läuft ohne Beschwerden. Obwohl innere Blutungen oder innere Verletzungen vorliegen kön-

nen, sollten Sie den Spaziergang fortsetzen: Wenn das Allgemeinbefinden gut bleibt oder sogar besser wird, ist die Gefahr für eine ernste Erkrankung gering. Hat der Hund Urin abgesetzt und sein großes Geschäft verrichtet, und zwar beides ohne Blutbeimengungen, dann dürfen Sie aufatmen. Zu Hause inspizieren Sie bitte alle Körperteile des Tieres sorgfältig. Bei Schrammen oder Rissen sollten Sie

*C*heckliste Verkehrsunfall

◆ Unfallfahrzeug identifizieren	Fahrzeugkennzeichen und Namen des Fahrers aufschreiben
◆ Hund anleinen	Gefahr des Entweichens
◆ Hund genau beobachten	Tierarzt fragt später danach
◆ keine Diskussion mit Fahrer	Ärger wäre programmiert
◆ Ruhe bewahren	Hektik überträgt sich auf das Tier
◆ bei Verletzung Tierarzt aufsuchen	telefonisch anmelden
◆ keine sichtbare Verletzung – Spaziergang fortsetzen	Kot- und Urinabsatz genau beobachten und auf Blutbeimengungen achten

vorsichtig die Haare mit einer gebogenen Schere abschneiden. Es empfiehlt sich, Wundpuder aufzustreuen, falls die Stelle nicht geleckt werden kann. Klaffende Risse müssen vom Tierarzt unter örtlicher Betäubung genäht werden.

Dann ist endlich der Moment gekommen, wo Sie den glücklich Geretteten richtig verwöhnen dürfen: mit einer leckeren Mahlzeit und vielen guten Worten – sein seelisches Gleichgewicht muß schließlich auch wiederhergestellt werden.

Beißereien

Der Hund besitzt als Rudeltier starke soziale Bindungen. Mit seinem Ausdrucksrepertoire, das vom freundlichen Gesicht über das Schwanzwedeln bis zum Drohbiß reicht, behauptet er sich in seiner Umwelt. Es kann aber immer einmal zu plötzlichen Aggressionen kommen, die zu Beißereien führen.

Wichtig: Es ist oberstes Gebot, die Tiere unbedingt zu trennen!

Ein Zuruf allein nützt nicht viel, da allenfalls der eigene Hund reagiert, was aber der Gegner als Schwächezeichen wertet. Bei kleineren Hunden können Sie beherzt versuchen, jedes Tier am Nackenfell zu packen und die beiden voneinander zu trennen. Das erfordert Mut, und ich übernehme beim Mißlingen keine Haftung. Jäger erleben eine Beißerei öfter und wissen damit umzugehen: Jeder packt den Schwanz seines Vierbeiners – bei Stummelschwänzchen ein Hinterbein – und zieht. Damit man nun nicht selber gebissen wird, hilft jetzt ein gewaltiger Brüller zum Parieren. Nach dem Gefecht gilt eine Grundregel: Wenn der Hund noch steht, keine Därme hervorquellen und kein Blut spritzt, brauchen Sie sich nicht übermäßig zu beeilen. Im Prinzip sollte man so vorgehen wie im Abschnitt Verkehrsunfall beschrieben (s. Seite 31).

Risse, selbst Hautfetzen, sind nicht allzu schlimm und heilen gut, wenn die Wunden Abfluß haben.

Aufpassen müssen Sie bei Hunden, die von weit größeren gepackt wurden. Meist sind sie zwar nur verstört, sie haben ein speichelverschmiertes

*C*heckliste Beißereien

◆ Beißerei verhindern	Hunde anbrüllen – anleinen nicht schlagen!
◆ Beißer trennen	am Nackenfell, am Schwanz oder am Hinterbein auseinanderziehen Tränengaspistole ist nützlich Vorsicht: Hunde beißen in Erregung unkontrolliert!
◆ nach dem Kampf	auch bei kleinsten Wunden: tierärztliche Untersuchung Achtung: Kleine Nackenwunden sind gefährlich!
◆ Freßunlust nach 2–3 Tagen	sofort zum Tierarzt; Gefahr von Blutvergiftung!

Nackenfell und dort auch kleine Wunden. Bringen Sie einen solchen Hund aber trotzdem zum Tierarzt!
Der kleine Hund wurde vom größeren herumgeschleudert, wobei sich die Haut möglicherweise handflächengroß vom Fleisch löste, was äußerlich nicht sichtbar ist. Der Arzt wird die kleinen Öffnungen dieser Bißwunden vergrößern, damit das Wundsekret ablaufen kann, und den Patienten einige Tage mit Antibiotika behandeln.

Wichtig: Beginnt der Hund 2–3 Tage nach einer Beißerei zu fiebern, muß er sofort zum Tierarzt.

Hundekämpfe beginnen plötzlich, daher müssen auch Sie schnell reagieren

Krankheiten der Augen

Der Hund ist ein Nasentier, er orientiert sich in seiner Umwelt vorwiegend mit Hilfe des hochentwickelten Geruchssinnes. An seinen Augen können wir aber seinen Gemüts- und Gesundheitszustand ablesen.

Fremdkörper im Auge
Bei einseitiger Bindehautentzündung kann immer auch ein Fremdkörper im Auge die Ursache sein. Sehen Sie sich also das entzündete Auge genau an. Dazu werden die Lider vorsichtig weggespreizt. Eine Hilfsperson sorgt mit einer Taschenlampe für ausreichende Beleuchtung.
Entfernen Sie den Fremdkörper mit einem Wattestäbchen. Wenn das nicht klappt, sollten Sie den Tierarzt aufsuchen, denn die Entzündung wird mit jedem fehlgeschlagenen Versuch noch schlimmer.
Die unkomplizierte Bindehautentzündung ist nicht schwer zu behandeln. Das angetrocknete Sekret im Lidwinkel tupfen Sie mit lauwarmer Kamillenlösung ab. Dann gegen Sie am besten reizlindernde Tropfen ins Auge. Ein Problem sind die dunklen Sekretbahnen bei hellen Hunden (besonders bei Pudeln), die sich vom Lidwinkel herunterziehen. Der Tierarzt wird

Augenkrankheiten

Erkrankung	Belastung	Behandlung
Bindehautentzündung (Appetit vorhanden)	gering	Ursache (Zugluft!) beseitigen, reizlindernde Tropfen
Bindehautentzündung, eitrig (Appetit vorhanden)	schmerzhaft	Tropfen/Salbe mit Antibiotikum
Bindehautentzündung mit Appetitlosigkeit (Fieber)	schmerzhaft	Allgemeinbehandlung durch Tierarzt, da Allgemeininfektion
Fremdkörper	schmerzhaft	Entfernung, besser gleich durch Tierarzt
Entropium (Lideinrollung nach innen)	äußerst schmerzhaft	nur Operation
Ektropium (Lidausstülpung nach außen)	gering	Tropfen – Operation möglich Zuchtausschluß, da erblich!
grauer Star (Augentrübung)	schmerzlos	Staroperation nur in Sonderfällen; Alterserscheinung!
trockene Hornhaut	gering	Tränenersatz; Operation möglich
grüner Star	schmerzhaft	Tropfenbehandlung; Operation möglich

 *Vorsicht: Fahrtwind verursacht häufig Bindehautentzündung! Hundeschutzbrillen sind sinnvoll, wirken aber affektiert*

ganz vorsichtig mit einem Wattestäbchen, das in Wasserstoffsuperoxid getaucht wurde, versuchen, die dunklen Haare anzufeuchten. Damit erzielt er die gewünschte Aufhellung.

Bindehautentzündung

Sind praktisch über Nacht die Augen des Tieres rot geworden, tränen sie und werden meist zugekniffen, dann liegt eine Bindehautentzündung vor. Guter Appetit, kein Fieber und normales Verhalten lassen darauf schließen, daß die Entzündung nicht so schlimm ist. Der Hund wird wohl Zugluft abbekommen haben.

Auch in behaglichen Wohnungen und Häusern herrscht in „Hundehöhe", also in der Bodengegend, oft ziemlich starker Zug, und gerade da legen sich die Hunde gern hin. Sie wollen auf diese Weise wohl Geruchseindrücke von außen erleben.

UNSER *T*IP

Mit einer brennenden Kerze läßt sich Zugluft gut feststellen!

Eitrige Bindehautentzündung

Bei diesem Krankheitsbild, das Sie an dem eitrigen Sekret, das aus dem Auge fließt, erkennen, sollen die

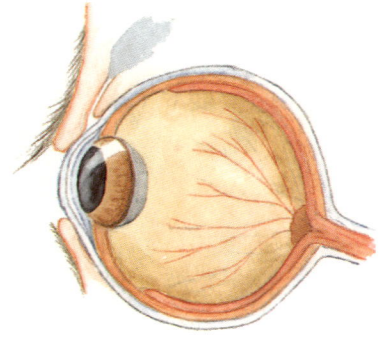

Augentropfen ein Antibiotikum enthalten. Ob Tropfen oder Salbe, das ist
prinzipiell egal. Die Salbe wirkt etwas
länger, Tropfen sind leichter anzuwenden. Sie können in der Regel
nach 2–3 Tagen eine Besserung
beobachten.

Auge mit normalen Lidern im
*Schnittbild (Abb. oben links). Die Wimpern des
Oberlides stehen schmerzhaft auf der Horn-
haut:* **Entropium** *(Abb. oben rechts). Abge-
klapptes Unterlid:* **Ektropium** *(Abb. Seite 39
oben links). Die Linse ist trübe und undurch-
sichtig:* **grauer Star** *(Abb. Seite 39 oben rechts)*

Trockene Hornhaut
Diese Spezialform der Bindehautentzündung *(Keratokonjunktivitis sicca)*
ist selten, kommt aber vor. Aus unbe-
kannten Gründen versiegt dabei der
Tränenfluß, das Auge wird trocken
und entzündet sich.
Zur Behandlung der trockenen Horn-
haut kann man künstliche Tränenflüs-
sigkeit einträufeln. Alternativ bietet
sich eine komplizierte Operation an.

Entropium
Wenn der Hund die Augen ständig zu-
kneift und die Lider eitrig verschmiert

sind, besteht starker Verdacht auf
eine Lideinrollung nach innen, ein so-
genanntes Entropium. In der Regel er-
leidet das Tier dabei höllische Qualen.
Im Anfangsstadium wird es oft fälsch-
lich als schwere Bindehautentzündung angesehen und vergeblich mit
Salben und Tropfen behandelt. Das ist
für den Patienten qualvoll. Nur ein
kleiner operativer Eingriff kann rasch
Abhilfe schaffen. Die Bindehautentzündung geht zurück, das Auge wird
wieder klar.

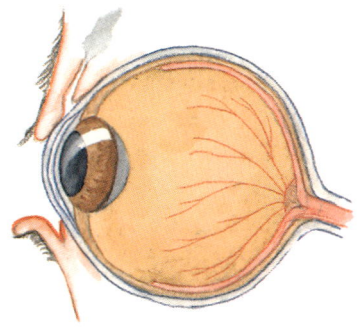

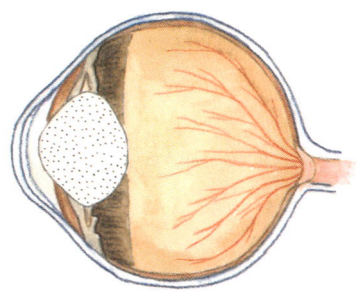

Ektropium

Auch das genaue Gegenteil der Lideinrollung nach innen kommt vor: Einige Rassen wie Bassets und Boxer
neigen dazu, die Lider nach außen ab-
zuklappen. Das nennt man ein Ektropium. Es gibt dem Hund ein melan-
cholisches Aussehen und führt zu
chronischer Bindehautentzündung.
Die Operation bringt hier leider nicht
immer den gewünschten Erfolg. Wenn
es daher zu ertragen ist, rate ich nur
zu einer gelegentlichen Tropfen-
behandlung.
Ich bitte die Züchter dringend,
Tiere mit Ektropium von der
Zucht auszuschließen.

Allgemeininfektion

Ihr Hund verliert auf einmal den
Glanz seiner Augen, die Bindehaut ist
stark gerötet, am Lidwinkel haftet
schleimiges oder eitriges Sekret. Er
hat an Lebhaftigkeit verloren, frißt
schlecht oder überhaupt nicht mehr.
Sie messen Fieber, und das Thermometer zeigt über 39 °C. Das ist nun
keine einfache Bindehautentzündung,
sondern kündigt eine ernste Allge-
meininfektion an, vielleicht sogar die
gefürchtete Staupe (s. auch Seite 25).

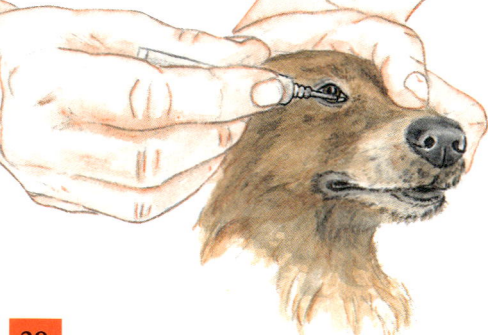

*Augensalbe wird auf die Bindehaut
des abgespreizten Lides gebracht*

Bei den Symptomen Bindehautentzündung, Fieber, gestörtes Allgemeinbefinden gibt es nur einen Rat: Suchen Sie unbedingt innerhalb von 24 Stunden Ihren Tierarzt auf! Auf jeden Fall liegt eine behandlungsbedürftige Infektion vor.

Star

Ihr Hund wird älter. Da bemerken Sie bei bestimmter Beleuchtung in seinen sonst dunklen Augen einen milchglasähnlichen Schimmer. Offenbar kann er aber noch einigermaßen gut sehen, scheint auch nicht zu leiden. Hier handelt es sich mit großer Sicherheit um den grauen Star. Dies ist eine Eintrübung der Linse, zuweilen auch des Glaskörpers im Auge. Die Erkrankung tritt nahezu regelmäßig bei alten Hunden auf und belastet sie wenig. Ihre Orientierung erfolgt in erster Linie über den Geruchssinn, auch die Tasthaare an der Schnauze helfen mit. Beim Hund wird in Spezial-

kliniken eine Staroperation durchgeführt. Ich würde einen solchen Eingriff aber nur bei starker Trübung und relativ jungen Tieren machen lassen. Hinausschieben kann man den Eintritt der Trübung durch Präparate, die den Alterungsprozeß allgemein verzögern.

Neben den bisher beschriebenen gibt es noch eine ganze Reihe weiterer Erkrankungen des Auges, zum Beispiel Verletzungen (besonders bei Tieren mit hervorquellenden Augen), Geschwülste, den grünen Star und andere mehr. Deren Behandlung muß unbedingt einem Tierarzt übertragen werden.

Erkrankungen der Maulhöhle

Bettelnd steht Ihr Hund vor dem Sessel, hechelt erwartungsvoll und verbreitet dabei einen unangenehmen Geruch. Eine Untersuchung ist geboten. Ziehen Sie dem Tier zunächst einmal die Lefzen hoch, und betrachten Sie dann die Zahnreihe.

Ein alter Hund mit grauem Star; das Tier kann fast nichts mehr sehen

Zahnstein

Praktisch jeder Hund, der über 3–4 Jahre alt ist, wird Zahnstein aufweisen. Das ist nicht schlimm. Sind es allerdings dicke Krusten, die die Zahnkonturen bereits verdecken, so muß der Belag vom Tierarzt entfernt werden. Denn außer für Maulgeruch ist er besonders häufig die Ursache für Zahnfleischschwund sowie für lockere Zähne. Mit Recht fragen Sie nach vorbeugenden Maß-

UNSER TIP

Nehmen Sie zum Zähneputzen nicht Ihre Zahnpasta, die schmeckt nämlich Hunden nicht, sondern einfache Schlämmkreide oder – noch besser – eine spezielle Hundezahnpasta. Beim Tierarzt gibt es besondere Kaubüffelhautstückchen mit Enzymen, die dem Belag vorbeugen.

Erkrankungen der Maulhöhle

Erkrankung	Behandlung
Zahnstein	Entfernung (Tierarzt) Vorbeugung: Zähneputzen, Kaubüffelhaut
Wackelzähne	Ziehen (Tierarzt)
Zahnfrakturen, Zahnschäden	Wurzelbehandlung, Plombieren (Tierarzt)
Zahnfistel	Ziehen des erkrankten Zahnes (Tierarzt)
Milchzahn, persistierender	Ziehen (Tierarzt)
Zahnfleischentzündung	Massage mit Myrrhentinktur, Vitamin-C-Gaben
Geschwüre – Verdacht auf Allgemeininfektion	Tierarztbesuch
Geschwülste	operative Entfernung (Tierarzt)
Fremdkörper	Entfernung – zuweilen schwierig!
Zungenabschnürung	Beseitigung durch Tierarzt
Lefzenekzem	Haftsalben, Operation (Tierarzt)
starker Geruch	Chlorophyllpräparate

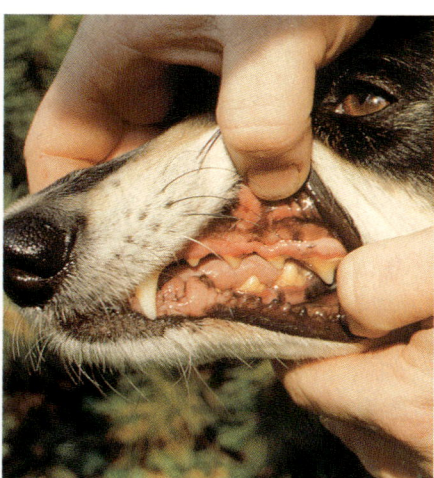

Zahnstein, als gelber Belag vor allem auf den Backenzähnen erkennbar, ist eine Plage, weil er die Zähne schädigt und üblen Geruch verursacht

chen sind. Man spricht dann medizinisch von Zahnfraktur. Ist die Wurzelhöhle geöffnet, so bereitet dem Hund jedes Zupacken heftige Schmerzen. Die Behandlung gehört in die Hand des Tierarztes, der sich auf Wurzelbehandlung und Plombieren versteht, wenn nicht gezogen werden muß.

Zahnfistel

Unterhalb des Auges sieht man gelegentlich eine starke Schwellung. Sie wird ohne Behandlung nach einiger Zeit aufbrechen und hartnäckig Eiter absondern. Mit ziemlicher Sicherheit handelt es sich um eine Zahnfistel. Die einzige Abhilfe: Der die Fistel verursachende Zahn muß gezogen werden, was nicht einfach ist, da er sehr festsitzen kann.

nahmen. Die Antwort ist ganz einfach: Hier hilft nur Zähneputzen.

Wackelzähne

Sitzen die Zähne nicht mehr fest, so verursachen sie nicht nur Schmerzen, sondern auch einen unangenehmen Geruch. Sie müssen schnellstens gezogen werden, was rasch und fast schmerzlos geschieht.

Zahnfrakturen

Nicht selten werden Sie feststellen, daß einige Zähne an- oder abgebro-

Persistierender Milchzahn

In der oberen Zahnreihe sehen Sie neben dem großen Reißzahn noch einen dünnen parallel liegen? Das ist dann ein, wie die Mediziner sagen, persistierender Milchzahn. Eine unangenehme Sache, denn auch hier setzen sich Speisereste fest. Das Zahnfleisch entzündet sich, was wiederum üblen Geruch verursacht. Geben sie Ihrem Hund einen festen Socken oder besser ein Putztuch für Reiß- und Beißspiele. Halten Sie das Stoffende gut fest oder binden Sie es irgendwo an, damit der Hund richtig zerren kann und seinen überflüssigen Zahn auf diese Weise hoffentlich verliert. Bleibt der Milchzahn trotzdem sitzen, muß ihn der Tierarzt ziehen.

Zahnfleisch

Wie sieht das Zahnfleisch eigentlich aus? Dunkelrot und leicht blutend? Ist die Ernährung vielseitig und vitaminreich (bei modernem Fertigfutter kann man das voraussetzen), dann müssen Sie örtlich behandeln. Ein paar Trop-

Wenn ein dünner Milchzahn nicht ausgefallen ist, kann er Zahnfleischentzündungen verursachen

fen Myrrhentinktur – die gibt es in jeder Apotheke – auf den Zeigefinger geben und das Zahnfleisch sanft massieren. Die Massage, an die sich das Tier schnell gewöhnt, muß bis zur Heilung zwei- bis dreimal in der Woche durchgeführt werden. Zusätzlich sollte man eines der handelsüblichen Vitamin-C-Präparate geben.

Geschwüre

Geschwüre (s. Zeichnung Seite 71) am Zahnfleisch verbreiten aashaften Geruch und können durch schlechte Zähne verursacht werden. Pudel leiden übrigens besonders häufig daran.

Wichtig: Da Zahnfleischgeschwüre möglicherweise erste Anzeichen einer anderen Erkrankung sein können, müssen Sie Ihren Hund unbedingt zum Tierarzt bringen. Nur er kann eine sichere Diagnose stellen.

Geschwülste

Per Zufall werden Sie möglicherweise Geschwülste (s. Zeichnung Seite 71) am Zahnfleisch entdecken. Wenn sie beim Fressen stören, sollten sie operativ entfernt werden. Das ist nicht sonderlich schwierig. Dabei immer prüfen lassen, ob nichts Bösartiges vorliegt.

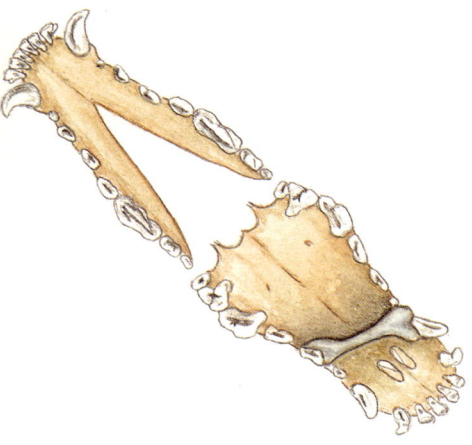

Ein Knöchelchen hat sich eingekeilt: Nur ein einziger eigener Entfernungsversuch ist gestattet; der Tierarzt kann es besser

Fremdkörper in der Maulhöhle

Der Hund frißt plötzlich überhaupt nicht mehr, kratzt sich an der Schnauze, kann offenbar nicht schlucken und wirkt völlig verstört?
Es wird doch wohl keine Tollwut vorliegen? Nein, ich vermute eher, daß sich ein Fremdkörper in der Maulhöhle festgekeilt hat. Meist ist es ein Knochen, es können aber auch Zweigstücke oder Steine sein. Wenn Sie sich trauen, versuchen Sie den Fremdkörper mit den Fingern zu entfernen. Wenn nicht, schafft es der Tierarzt sicher mit einer soliden Zange.

Zungenabschnürung

Wenn Sie Anzeichen feststellen wie beim Fremdkörper beschrieben, sollten Sie auch die Zunge betrachten. Sie ist – außer beim Chow-Chow – blaßrosa, glatt und beweglich. Bei dunkelroter Verfärbung und starker Schwellung kann eventuell eine Zungenabschnürung vorliegen. Hat der Hund etwa Lunge zu fressen bekommen? Dann besteht der Verdacht, daß ein Knorpelring der Luftröhre sich über die Zunge geschoben hat. Mit Fadenschlingen vom Nähtisch passiert das auch. Sie sollten schnell den Tierarzt aufsuchen!

Die Zungenabschnürung ist keinesfalls immer so deutlich sichtbar

Ohrenkrankheiten		
Erkrankung	**Belastung**	**Behandlung**
Fremdkörper	äußerst schmerzhaft	Entfernung (Tierarzt) (Vorbeugung: Ohren häufig kontrollieren; Gehörgänge mit Watte ausstopfen)
Ohrenzwang	gering	Säuberung unter Sichtkontrolle (Tierarzt) Sauberhaltung nach tierärztlicher Anweisung Operation (Tierarzt)
Blutohr	gering	Operation (Tierarzt)

Lefzenekzem

Die Zähne erscheinen gesund, das Zahnfleisch normal, trotzdem strömt unangenehmer Geruch aus der Mundhöhle: Sehen Sie sich mal die Lefzen genau an. Diese Hautfalten, besonders ausgeprägt bei Boxern, Bernhardinern und ähnlichen Rassen, können sich entzünden.

Das kann manchmal zu einem Lefzenekzem führen, das sich als sehr unangenehm erweist, weil man es nur schwer behandeln kann. Allerdings hat der Tierarzt spezielle Haftsalben, und eine zusätzliche Allgemeinbehandlung wird den Entzündungszustand lindern. Aber all dies ist leider recht langwierig.

Krankheiten der Ohren

Größte Lust für einen Hund bedeutet es, wenn er in einer sommerlichen Wiese so richtig stöbern kann. Springlebendig war er losgezogen, doch jaulend kommt er zurück, hält den Kopf schief und schüttelt ihn heftig. Was ist geschehen? Bei diesen eindeutigen Zeichen wird ein Fremdkörper in den Gehörgang gelangt sein.

Fremdkörper im Gehörgang

Meist ist eine Granne der Mäusegerste oder ähnliches ins Innere der Ohrmuschel geraten. Durch Kopf- und Ohrbewegungen wandert sie in die Tiefe. Dieser Vorgang verursacht im

Gehörgang heftige Schmerzen, die unerträglich werden, wenn das Trommelfell betroffen ist. Die Symptome sind die gleichen wie bei einem Schlaganfall.

Wichtig: Die Entfernung ist Sache des Tierarztes, und Sie sollten ihn sofort aufsuchen. Der Hund quält sich, und die Behandlung wird später immer schwieriger.

Wie kann man vorbeugen? Wenn die Mäusegerste an jedem Wegrand steht,

Die Grannen vieler Gräser sind schlimme Plagegeister für Hundeohren

also im Sommer oder Herbst, ist die Gefahr am größten. Einige Hunde, meist langohrige, scheinen die Grannen magisch anzuziehen. Untersuchen Sie die Ohrmuschel schon während des Spazierganges mehrmals, die Grannen wandern nämlich erst langsam in die Tiefe. Anfangs sind sie noch leicht zu entfernen.

Ohrenzwang

Ihr Hund schüttelt den Kopf nicht sonderlich heftig? Er kratzt sich gelegentlich am Ohr, hält den Kopf auch etwas schief und riecht unangenehm aus dem Gehörgang? Dann hat er eine häufige und sehr unangenehme Hundekrankheit, den Ohrenzwang. Dies ist eine chronische Entzündung des äußeren Ohres *(Otitis externa),* die durch eine anatomische Besonderheit verursacht wird: der Gehörgang des Hundes verläuft geknickt. Schmutz und verhärtetes Ohrenschmalz, die sich angesammelt haben, gelangen kaum wieder nach außen. In dieser Umgebung gedeihen Bakterien, Pilze oder auch Milben- und der Ohrenzwang ist da. Ein Tierarzt sollte das Ohr untersuchen und unter Sichtkontrolle gründlich säubern. Damit ist viel geholfen, die Krankheit aber keinesfalls besiegt.

Wichtig: Teilen Sie es dem Tierarzt mit, wenn der Hund oft mit Katzen zusammenkommt. Er wird dann besonders auf Gehörgangsmilben achten.

Verschiedene Firmen stellen Ohrreinigungsmittel her, die Alkohol, ein Desinfektionsmittel, rückfettende Substanzen und Duftstoffe enthalten. Davon spritzen oder gießen Sie reichlich in den Gehörgang, bis er richtig voll ist, halten den Hund gut fest und massieren von außen. Dadurch löst sich der Schmutz. Erst nach der Massage lassen Sie den Hund los. Er wird dann kräftig den Kopf schütteln. Aber Vorsicht, die Flüssigkeit spritzt umher! Deshalb führen Sie eine solche Behandlung im Sommer am besten im Freien durch, so schonen Sie Ihre Möbel und Teppiche. Die Ohrreinigung wiederholen Sie nach tierärztlicher Anweisung ein- bis zweimal in der

Woche, bis die unkomplizierte Otitis ausgeheilt ist.

Bei eitrigem Ohrenzwang, Polypen im Gehörgang und Geschwüren muß der Tierarzt gezielt behandeln. Polypen werden operativ entfernt, in anderen Fällen wird nach gründlicher Reinigung ein entsprechendes Präparat verschrieben. Erst wenn der akute Prozeß abgeheilt ist, können Ihre Pflegemaßnahmen wieder einsetzen. Leider gibt es Fälle, die jeder Behandlung zu trotzen scheinen. Im äußersten Fall hilft nur eine Operation. Sie

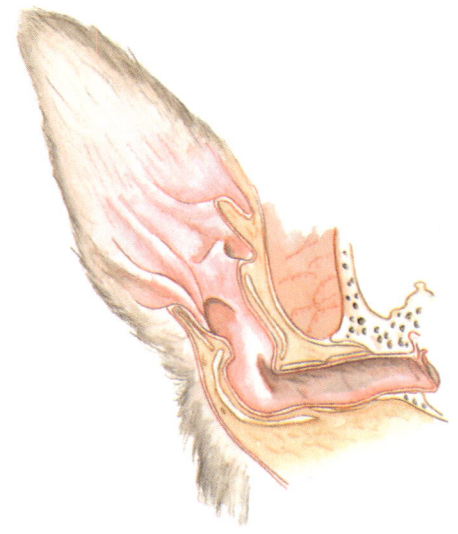

Der Gehörgang des Hundes ist lang und geknickt, was Entzündungen Vorschub leistet

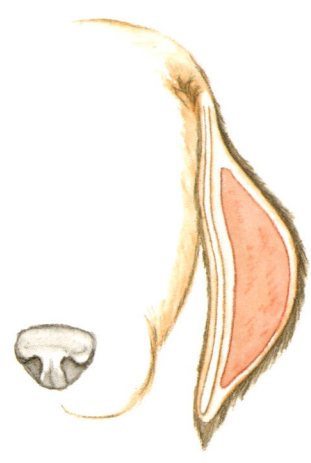

äußerer Haut. Das ist nicht direkt gefährlich, wohl aber sehr unangenehm. Ohne Behandlung wird aus der Ohrmuschel ein schrumpeliges Gebilde.

Wichtig: Gehen Sie frühestens eine Woche nach der Entdeckung zum Tierarzt, die Blutung muß zum Stillstand gekommen sein. Abhilfe schafft eine kleine Operation, mit Naht und straffem Verband.

Beim Blutohr (Othämatom) hat sich eine massive Blutung zwischen Haut und Knorpel geschoben

beseitigt die eigentliche Ursache: der Gehörgang wird breit eröffnet. Das erleichtert die Behandlung und verschafft bald Besserung.

Blutohr
Plötzlich ist eine Ohrmuschel ganz dick geworden, sie wirkt wie mit Flüssigkeit angefüllt. Das kommt besonders bei langohrigen Rassen vor, nach einer kleinen Rauferei oder durch Anschlagen beim Kopfschütteln. Ursache ist häufig ein **Bluterguß.** Er entsteht durch die Verletzung eines Blutgefäßes am Ohr, bei intakter

Erkrankungen des Atmungsapparates

Ebenso wie Menschen können sich auch Hunde erkälten. Im Vordergrund steht dabei der **Husten.** Nun gibt es verschiedene Arten von Husten, die sich bei genauem Hinhören ganz gut unterscheiden lassen.

Kehlkopfentzündung
Als Folge einer Erkältung bleibt häufig eine Kehlkopfentzündung zurück. Ihr Verlauf kann langwierig sein. Eine Plage für Hund und Besitzer! Das ständige scharfe Husten, gelegentlich bis zum Erbrechen, nervt die ganze Familie. Im Regelfall bleibt das Allgemeinbefinden relativ ungestört. Behandlungserfolge stellen sich nur zögernd ein, manchmal erst bei einem Witterungsumschwung. Der Tierarzt

wird Mittel verabreichen, die den Schleimtransport fördern und den Hustenreiz dämpfen. Auch eine Inhalation wäre in diesem Fall sehr nützlich.

Bronchitis

Kürzere Hustenstöße, die rasselnd-dumpf klingen und das Tier nicht sonderlich beeindrucken, geben keinen Anlaß zur Besorgnis. Damit werden die Atemwege von zähem Schleim gereinigt, wobei dieser im Regelfall nicht ausgespuckt, sondern hinuntergeschluckt wird. Alles spricht für eine leichte Bronchitis. Ist der Hund noch munter, hat er Appetit, und steigt seine Körpertemperatur bis höchstens 39 °C, so können Sie einen Behandlungsversuch ohne Tierarzt wagen. Der Patient muß warm gehalten werden. Honig schmeckt ihm gut und löst den Schleim. Man kann auch eine Inhalation probieren. Heißes Wasser in eine Schüssel, den Kopf darüber und mit einem Tuch abdecken!

Wichtig: Nehmen Sie bei der Behandlung mit Medikamenten nur Präparate, die ausschließlich schleimlösende Stoffe enthalten (Sekretolytika, Expektorantia). Vermeiden Sie Antibiotika bzw. Sulfonamide sowie Hustenmittel mit ätherischen Ölen. Bei jeder Verschlimmerung des Krankheitsbildes sollten Sie sofort zum Tierarzt gehen, da immer Staupeverdacht besteht.

Zwingerhusten

Werden mehrere Tiere zusammen im Zwinger gehalten, grassiert nicht selten eine unangenehme spezifische Infektion, der Zwingerhusten. Gebräuchlich ist auch der englische Name *Kennel cough.* Besonders Jungtiere beim Züchter sind betroffen. Hausmittel helfen kaum, führen oft zu einer Verschleppung, sogar eine Lungenentzündung kann die Folge sein. Wenn der Tierarzt einen Behandlungsplan aufstellt, sprechen Sie mit ihm auch über eine Schutzimpfung.

Ah, das tut gut! Heilende Dämpfe lösen zähen Schleim

Erkrankungen des Atmungsapparates	
Erkrankung	**Behandlung**
Bronchitis; noch Appetit	schleimlösende Präparate Inhalationen keine Hustenmittel!
Bronchitis; Fieber; kein Appetit	Antibiotika (Tierarzt)
Lungenentzündung	Antibiotika (Tierarzt) pflegerische Maßnahmen
Kehlkopfentzündung	Inhalationen schleimlösende Präparate Ortswechsel keine Hustenmittel!
Zwingerhusten	Antibiotika (Tierarzt) schleimlösende Präparate Schutzimpfung möglich!
Fremdkörper	Entfernung (Tierarzt)

Lungenentzündung

Die Symptome dieser schweren und sehr gefürchteten Erkrankung sind heftige und schnelle Atembewegungen, bei denen der Hund die Backen aufbläst, und hohes Fieber. Bitte keine Selbstbehandlung probieren, es kommt sehr darauf an, keine Zeit für die gezielte Behandlung durch den Tierarzt zu verlieren! Gute Pflege, zum Beispiel warme Umgebung, gehaltvolles Futter und liebevolle Zuwendung sind für die Heilung aber ebenfalls unerläßlich. Der Heilungsprozeß erfordert viel Geduld.

Fremdkörper

Ganz selten kann hartnäckiges Niesen oder Husten durch einen Fremdkörper in Nase (Niesen) oder Kehlkopf bzw. Luftröhre (Husten) ausgelöst werden. Die Verursache sind Unkrautgrannen oder auch kleine Zweige. Ein Verdacht auf Fremdkörper ist immer angebracht, wenn die Erscheinungen sehr plötzlich und heftig auftreten und nur *ein* Nasenloch Ausfluß zeigt. Abhilfe schafft natürlich nur die Entfernung des Fremdkörpers durch den Tierarzt mit Spezialinstrumenten unter Sichtkontrolle.

Erkrankungen der Haut

Viele Krankheiten zeigen sich deutlich am Fell des Hundes. Wenn er nicht zu alt ist, sollte es bei gutem Gesundheitszustand glänzend sein und glatt anliegen, sofern die Rasse kein struppiges Haar hat.

Flöhe

Woran denkt man zuerst, wenn der Hund sich mit Leidenschaft kratzt? Er hat Flöhe! Beim Kontakt mit einem anderen Hund kann ein „reiselustiger" Floh das Quartier gewechselt haben. Untersuchen Sie deshalb sorgfältig die Gegend unterhalb der Ohren und an der Halsunterseite.

Die flinken Flöhe versuchen krabbelnd zu enteilen, um genau dann einen tollen Sprung zu machen, wenn Ihre Finger nahen. Flöhe haben einen Erbfeind: den Staubsauger! Die Eier und Larven leben nämlich in Bodenritzen und auf dem Lager des Hundes. Der Staubsauger zieht sie gnadenlos ein, und damit ist die Vermehrung blockiert. Also saugen Sie am besten mit einer Fugendüse kräftig am Körbchen. Wirksam sind auch spezielle Bodensprays. Die waschbare Hundedecke gehört in die Waschmaschine. Aber wie ist dem Floh auf dem Hund beizukommen? Entfernt werden muß er auf jeden Fall, denn Flöhe können Bandwürmer auf das Tier (nicht auf Sie!) übertragen. Die Radikalkur ist das Hundebad mit einem geeigneten

Hautkrankheiten			
Erkrankung	**Diagnose**	**Behandlung**	**Krankheitswert**
Flöhe	einfach	Bäder, Sprays, Puder, Bänder, Tabletten, Tropfen, Staubsauger	gering
Läuse, Haarlinge	einfach	Bäder	mittel
Räudemilben	schwierig	Bäder (Tierarzt), gute Pflege	hoch
Zecken	einfach	Herausdrehen	gering
Ekzem	schwierig	vielseitig (Tierarzt), gute Pflege	hoch
Hautjucken	extrem schwierig	vielseitig (Tierarzt), bei Allergie Ursachenbehandlung	mittel
Haarlosigkeit	schwierig	vielseitig (Tierarzt)	gering

das Sie Ihrem Hund einmal monatlich ins Futter geben müssen. Es wirkt systemisch, das heißt von innen über die Blutbahn.

Läuse oder Haarlinge

Der Hund kratzt sich, und Sie entdecken auch Krabbeltierchen, die aber nicht wegspringen? Das werden mit ziemlicher Sicherheit Läuse oder Haarlinge sein.

Läuse können Hunden durch Blutentzug ernsthaft schaden, wenn sie in großer Zahl auftreten. Haarlinge ernähren sich lediglich von Hautschuppen.

Läuse und Haarlinge bleiben nur am Hund, während sich ein Floh schon mal vorübergehend auf den Menschen verirren kann. Ist der Hund von Läusen oder Haarlingen befallen,

Hier wurden die Lieblingsreviere der Flöhe markiert; an diesen Stellen sollte man sie zuerst suchen

Insektizid. Nach überstandener Prozedur schwimmen die Springer tot auf dem Wasser.

Wenn Ihnen das alles zu umständlich ist, gibt es einen guten Kompromiß, das Flohhalsband. Sein Prinzip: Das Band gibt stetig etwas Pulver ab, und irgendwann kommt jeder Floh mit dem für ihn tödlichen Gift in Berührung. Moderne Bänder verlieren auch beim Baden und im Regen nicht ihre Wirksamkeit. Neben den bisher angesprochenen Mitteln ist seit einiger Zeit ein Präparat auf dem Markt,

UNSER *T*IP

Besorgen Sie sich beim Tierarzt ein Präparat, das von innen wirkt. Der Hund ist dann sozusagen imprägniert, und wenn der Floh sticht, saugt er ein für ihn tödliches Gift ein. So sterben die unerwünschten Plagegeister nach und nach ab.

empfiehlt sich ein insektizides Bad, das nach Anweisung zu wiederholen ist, da sich zumindest die Eier (Nissen der Läuse), die an den Haaren sitzen, von den meisten Wirkstoffen wenig beeindrucken lassen.

Glücklicherweise sind Läuse heute bei gepflegten Hunden selten geworden.

Räude

Räude wird durch kleine Parasiten (Milben) verursacht, die in der Haut leben. Wird das Tier gut gepflegt, gut ernährt, und ist es gesund, so schiebt das sich erneuernde Fell die ungebetenen Gäste förmlich hinaus. Bei Verwahrlosung oder nachlässiger Pflege können sich Milben aber gut entwickeln und werden dann schnell zu einer ernsten Bedrohung.

Wichtig: Sie sollten die Räude strategisch angehen! Am Anfang steht die Diagnose durch den Tierarzt. Da gilt allein der Nachweis von Milben im Mikroskop! Dann benötigen Sie ein Präparat, das je nach Milbenart ausgewählt wird und nach Anweisung mehrfach anzuwenden ist, denn ein Milbenbefall kann sehr hartnäckig sein. Sie sollten den Hund gut und vielseitig ernähren. Das bedeutet aber nicht, ihn fettzufüttern!

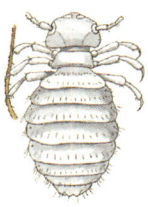

Haarling (Originalgröße 1,3 mm)

Hundelaus (Originalgröße 1,5 mm)

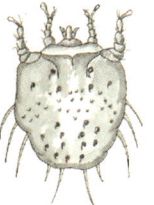

Grabmilbe (Originalgröße 0,45 mm)

Haarbalgmilbe (Originalgröße 0,4 mm)

Hundefloh (Originalgröße 2–3 mm)

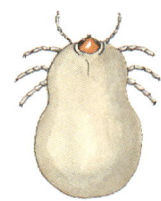

vollgesogene Zecke (Originalgröße erbsen- bis bohnengroß)

Juckreiz ist ein Räudezeichen. Der Reiz kann auch wenig ausgeprägt sein. Wenn die Haare an den Augen etwas dünn werden, und wenn an den Ohrrändern, den Innenseiten der Beine oder an anderen Stellen die

Haut schuppt und juckt, sollten Sie an Räude denken. Gewißheit bringt allerdings allein der tierärztliche Milbennachweis. Von den vielen Milbenarten haben zwei beim Hund besondere Bedeutung. Die **Haarbalgmilbe** (Demodex) sitzt in Haarbälgen, meist um die Schnauze oder die Augen herum. Die durch diese Milbe hervorgerufene Räudeart verläuft schleppend, juckt praktisch nicht und führt nur selten zu ernsten Erkrankungen, läßt sich aber schwer bekämpfen.

Grabmilben (Sarcoptes) können bei schlechter Ernährung oder zusätzlichen Erkrankungen schnell zu ernsten, ausgebreiteten Räudeekzemen führen, die stark jucken.

Zecken

Von einem sommerlichen Spaziergang heimgekommen, entdecken Sie vielleicht zufällig im Fell Gebilde, die stecknadelkopf- bis erbsengroß sind. Irgendwie sehen sie eklig aus; es sind Zecken.

Die bei uns am häufigsten vorkommende Zeckenart ist der sogenannte Holzbock. Er läßt sich aus Büschen, Hecken oder hohem Gras auf vorbei-

kommende Warmblüter fallen. Anschließend bohrt er sich mit dem Rüssel in die Haut und saugt Blut, wobei sein Hinterleib anschwillt. Da Zecken Krankheiten übertragen können, das Tier peinigen und Blut saugen, müssen sie entfernt werden. Das geschieht am besten mit den Fingern oder mit speziellen Zeckenzangen (siehe Abb. unten). Aus wärmeren Ländern wurde die braune **Hundezecke** eingeschleppt, die sich auch in Wohnungen festsetzen kann.

Ekzem

Ihren Hund juckt es, Haare fallen ihm aus, die Haut ist mit Pickelchen bedeckt, ist vielleicht sogar voller flächenhafter Wunden, Parasiten wurden allerdings nicht festgestellt. Hier liegt ein Ekzem vor. Eine oftmals lästige und langwierige Angelegenheit. Akute und heftige Ekzeme sind besser zu behandeln als chronische (diskrete). Die Therapie ist selbst für einen Tierarzt sehr schwierig. Sie muß innerlich und äußerlich durchgeführt werden. Sie können sie wirkungsvoll durch eine vielseitige und vitaminreiche Ernährung unterstützen.

Hautjucken

Den Hund juckt es offensichtlich, er kratzt, leckt und beißt. Doch es gibt keine Parasiten, keinen Ohrenzwang und keine sichtbaren Hautveränderungen. Sind wirklich keine Parasiten zu sehen? Dann haben wir es mit Hautjucken ohne feststellbare Ursache, *Pruritus sine materia,* wie der Mediziner sagt, zu tun. Eine reichlich unangenehme Situation für Patient, Besitzer und Tierarzt.

Zwar gelingt es meist, das Jucken durch Hormontabletten *(Kortikoide)* zu beseitigen, die Kratzerei fängt aber nach dem Absetzen der täglichen Gabe häufig wieder an. Zumeist wird es eine **Überempfindlichkeits-reaktion** (Allergie) sein.

Was hat sich in der Umgebung des Hundes geändert? Neues Futter, ein Ungezieferspray, ein neues Halsband, ein neues Fußbodenpflegemittel: Vieles kann Allergieauslöser sein. Sie müssen selbst die Ursache herausfinden, der Tierarzt kann Ihnen hier nicht viel raten. Sicherlich ist es keine lebensbedrohende, aber eine sehr lästige Erkrankung.

Haarlosigkeit

Bei einigen Hunden (Mexikanische Nackthunde) ist die Haarlosigkeit, wissenschaftlich *Alopezie* genannt, eine erwünschte Erscheinung. Haarlose Stellen bei unseren üblichen Rassen sind natürlich krankhaft. Sie kön-

nen bei starkem Ungezieferbefall, Ekzemen oder bei Thalliumvergiftung auftreten (Thallium ist ein dem Blei ähnliches Metall, das gelegentlich noch zur Bekämpfung von Nagetieren verwendet wird. Es ist sehr giftig und schon in kleinsten Dosen tödlich (s. auch Seite 64).

Symmetrischer Haarausfall auf dem Rücken oder in der Flankengegend kommt bei Hündinnen häufiger vor. Er deutet auf eine Hormonstörung hin. Die Behandlung ist schwierig.

Endoparasiten (Würmer)

Für einen richtigen Hundefreund darf es nicht unappetitlich sein, sich den Kot seines Tieres gelegentlich aufmerksam anzusehen. Da passiert es nicht allzu selten, daß Würmer festgestellt werden.

Spulwürmer

Leicht zu erkennen sind die Spulwürmer, deren Länge und Dicke mit einer Kugelschreibermine zu vergleichen ist. Vorn und hinten laufen sie deutlich spitz zu und sind gelblich-weiß. Der Hund infiziert sich durch Spulwurmeier, die er in seiner Umgebung aufgenommen hat (Kot anderer Hunde). Die Eier sind widerstandsfähig gegen Austrocknung, aber auch resi-

Würmer			
Nachweis	**hauptsächlich bei**	**Behandlung**	**Krankheitswert**
Spulwürmer Eier oder Würmer im Kot	Welpen	zuverlässig gegen erwachsene Würmer	hoch bei Welpen
Bandwürmer Glieder im Kot	erwachsenen Tieren	zuverlässig	gering

stent gegen Desinfektionsmittel, so daß man sie in einem Zwinger kaum tilgen kann. Aus ihnen werden Larven, die sich auch abkapseln können. Sobald eine infizierte Hündin läufig wird, wandert ein Teil der Larven in die Blutbahn. Sie gelangen durch Leber und Lungen in den Darm – Würmer sind wieder vorhanden, ohne daß

eine neuerliche Infektion von außen stattgefunden hat! Beim trächtigen Tier werden die Welpen schon im Mutterleib und nach der Geburt über die Milch infiziert, so daß bei ihnen bereits im Alter von 1–2 Wochen auch Würmer zu finden sind. Ausgewachsene Spulwürmer im Hundedarm sind mit den gebräuchlichen Mitteln gut zu beseitigen.

Bandwürmer

Spulwürmer sind ein Problem junger Hunde und ihrer Mütter. Bandwürmer dagegen finden sich überwiegend bei älteren Tieren. Die Infektion erfolgt durch infizierte Flöhe. Verdacht schöpfen Sie vielleicht, wenn der Hund plötzlich abmagert und/oder auf dem Hinterteil rutscht (Schlitten-

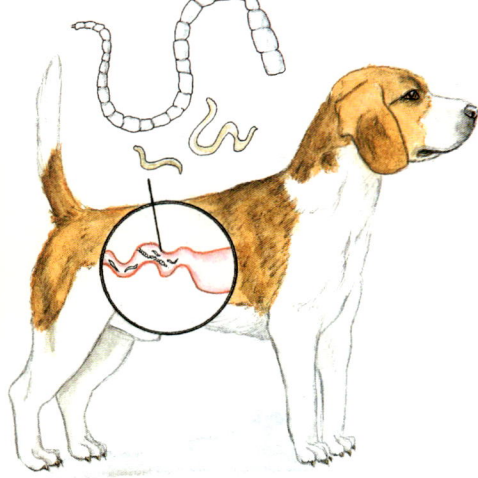

 *Der lange gegliederte Bandwurm (großer Wurm mit Gliedern ganz oben) und Spulwürmer im Hundedarm (kleine Würmer unterhalb)*

fahren). Gewißheit bringt die Entdeckung der reifen Bandwurmglieder im Kot. Bandwürmer sehen wie kleine Nacktschnecken aus, bewegen sich langsam und sind – ganz genau besehen – eckig. Der Nachweis ist nicht so einfach wie bei Spulwürmern. Haben Sie den Verdacht, daß Ihr Hund einen Bandwurm hat, sollten Sie seinen Kot vom Tierarzt untersuchen lassen. Bandwürmer sind mit spezifischen Bandwurmmitteln zuverlässig zu beseitigen.

Durchfall

Ein dünner Stuhl, der häufig abgesetzt wird, ist keine Krankheit, sondern ein Krankheitszeichen. Es ist daher wichtig, daß die Ursache beseitigt wird. Wenn der Hund über 38,5 °C Temperatur hat, nicht mehr frißt und stark abgeschlagen wirkt, dürfen Sie keine Zeit versäumen, sondern müssen umgehend den Tierarzt aufsuchen.

Neurose

Hat ein sonst wohlerzogener Hund plötzlich die Wohnung verunreinigt, benimmt sich dabei aber putzmunter, liegt der Gedanke nahe, daß es sich um eine Neurose handelt. Hat sich in Ihrer Familie etwas verändert, ist vielleicht ein Baby gekommen oder je-

mand auf längere Zeit bei Ihnen zu Besuch? Wurde die Schlafstelle verlegt, die Futterzeit geändert, das Tier längere Zeit allein gelassen?
Um Abhilfe zu schaffen, können Sie natürlich nicht den Gast verjagen, andere Dinge lassen sich aber vielleicht wieder ändern. Im wesentlichen genügt es, dem Hund größere Beachtung zu schenken und ihn nur zu schimpfen, wenn er gerade sein Geschäftchen an unerwünschter Stelle macht.

Fütterungsfehler

Häufige Ursache plötzlichen Durchfalls sind Fütterungsfehler. Zur Beseitigung dieser Fehler gibt es kaum allgemeine Regeln. Ein bestimmtes Fut-

Ein bewährtes Rezept gegen Durchfall: Cola plus Salzstangen

ter führt bei dem einen Hund ab, während ein anderer es gut verträgt. Abführend wirken *können* rohe Leber, rohes Fleisch, Milch, rohes Ei (keineswegs so gesund, wie immer angenommen), sehr fettes Essen.

Wichtig: Wenn Sie erst vor kurzem die Fütterung verändert haben, sollten Sie dem Hund wieder sein gewohntes Fressen geben. In vielen Fällen wird dadurch bereits ein Heilungseffekt erzielt.

Magen-Darm-Störungen		
Erkrankung	**Ursache**	**Behandlung**
Durchfall ohne Appetit, Fieber	Infektion	nur tierärztliche Behandlung!
Durchfall bei Appetit	Neurose Fütterungsfehler Würmer	gut behandeln, verwöhnen Fütterung umstellen Wurmbehandlung
hartnäckiger Durchfall bei Appetit	verschiedene Ursachen	Diät (Haferschleim mit Salz) hungern lassen Kohletabletten Spezialpräparate (Tierarzt)
Verstopfung	Fütterungsfehler zu trockenes Futter, zu viele Knochen Prostatavergrößerung	Regulierung über Futter, bleibt der Erfolg aus: Klistiere, Darm ausräumen (Tierarzt) Hormonbehandlung oder Operation
Analdrüsenentzündung	chronische Verstopfung	ausdrücken (Tierarzt)
Afterverklebung bei langhaarigen Hunden	Vernachlässigung	Beseitigung der Krusten
Erbrechen ohne Fieber	Neurose Gastritis Fremdkörper Vergiftung	wie bei Durchfall Diät – wie bei Durchfall Injektionen (Tierarzt) Operation (Tierarzt) siehe diese!
Erbrechen mit Fieber	Nierenerkrankung Leptospirose	nur tierärztliche Behandlung! nur tierärztliche Behandlung!
Vergiftungen	Rattengift Pflanzenschutzmittel	nur tierärztliche Behandlung! nur tierärztliche Behandlung!

Würmer

Wenn sich im flüssigen Kot Würmer winden, müssen Sie sofort eine **Wurmkur** durchführen, die zwar zunächst den Durchfall vorübergehend noch verstärken kann, letztendlich aber völlige Heilung bringt.

Hartnäckiger Durchfall

Dieser Zustand besteht nun schon einige Tage, der Hund ist zwar munter, wird aber langsam schlapp. Eine Ursache haben Sie nicht gefunden, es muß etwas geschehen. Auch wenn das keine Diagnose ist, sprechen wir vom hartnäckigen Durchfall. Völliges Fasten wäre für den Hund gut, das bringen Sie aber nicht übers Herz. Daher kochen Sie ihm Haferschleim, der gut mit Fleischextrakt gewürzt wird. In diesem Zusammenhang ist Salz besonders wichtig. Nehmen Sie für die Zubereitung einen mittelgroßen Topf. Bieten Sie dem Hund täglich viermal gut gewärmte Miniportionen dieses Haferschleims an, der sich übrigens im Kühlschrank einige Tage hält. Auch wenn der Hund nicht frißt, müssen Sie mindestens 3 volle Tage durchhalten. Er wird bald an der Mahlzeit schnuppern und dann zu fressen beginnen. Füttern Sie ihn damit zuerst satt, zwingen Sie ihn aber nicht zur Nahrungsaufnahme.

UNSER TIP

Probieren Sie folgende Durchfalldiät: Salzstangen und ein Cola-Getränk. Viele – nicht alle – Hunde nehmen das gern auf. Die Wirkung ist dann in den meisten Fällen überzeugend.

Als Getränk sollte er viel schwarzen Tee und daneben wenig Wasser zur Verfügung haben.
Hervorragend wirken Mittel, die krampflösende und schmerzlindende Eigenschaften besitzen. Es gibt sie beim Tierarzt als Dragées oder Zäpfchen; in schweren Fällen wird er dem Hund eine Injektion verabreichen.

Verstopfung

Als gewissenhafter Hundebesitzer werden Sie darauf achten, wie das große Geschäft Ihres Schützlings beschaffen ist. Es sollen geformte Würstchen sein, die vom Tier ohne Mühe abgesetzt werden. Wird heftig gepreßt, und fallen dann harte Brocken heraus, kündigt sich eine Verstopfung an. Sie müssen sich dann über die Ernährung Ihres Hundes Gedanken machen. Was war falsch? Hat er etwa eine große Menge weicher Knochen gefuttert? War das Fressen zu trocken?

Wenn der Stuhlgang überhaupt noch klappt, würde ich keine Abführmittel eingeben, auch keinen Einlauf machen. War die Ernährung die Ursache, muß auch über das Futter der Fehler korrigiert werden. Dosenfutter führt meistens etwas ab, auch rohes Fleisch, rohe Leber, rohes Ei, bei einigen Hunden auch Milch und Milchprodukte.

Koprostase

Leider sammelt sich nicht allzu selten harter, bröckeliger Kot im Mastdarm an. Die Ursache ist fast immer die Verfütterung von Knochen. Der Fachmann spricht von Koprostase, was hartnäckige Verstopfung bedeutet. Zu erkennen ist sie zunächst daran, daß sich das Tier mehrfach zum Kotabsatz hinhockt, trotz heftigen und schmerzhaften Pressens aber nichts zuwege bringt.

Zum Abführen dürfen Sie keine Präparate eingeben! Besser ist ein Glyzerinklistier, das in jeder Apotheke erhältlich ist. Am besten verlangen Sie solche, die auch für Babys geeignet sind. Die harte Masse wird angeweicht, und danach lösen sich hoffentlich nach einiger Zeit die ersten Bröckchen. Diesen Einlauf können Sie pro Tag etwa drei- bis viermal wiederholen. Wenn der Erfolg ausbleibt, muß der Tierarzt helfen, zu dem man am besten gleich geht, wenn einem die Prozedur unangenehm ist.

Wichtig: Keinesfalls dürfen Sie einfach abwarten! Eine Koprostase verschlimmert sich durch Austrocknung von Stunde zu Stunde.

Prostataleiden

Wenn ältere Hunde häufig Verstopfung haben, sollte man ein Prostataleiden in Betracht ziehen. Die normal walnußgroße Vorsteherdrüse *(Prostata)* kann dabei bis zur Größe eines Apfels anwachsen und drückt dann auf den Darm. Eine Röntgenuntersuchung sorgt für Klarheit. Abhilfe schafft eine Hormonbehandlung oder die Kastration. Die Aussichten auf Heilung sind recht gut.

Analdrüsenentzündung

Durch chronische Verstopfung wird der After gereizt. Die Öffnungen der beiden erbsengroßen Analdrüsen, beiderseits des Afters gelegen, schwellen dann zu, und der Inhalt staut sich. Es kommt zur Analdrüsenentzündung, eine böse Qual für den Hund. Er leckt sich andauernd am After und rutscht auf dem Popo umher, was man als

„Schlittenfahren" (kann ebenfalls ein Zeichen für Bandwurmbefall sein – (s. Seite 56) bezeichnet.
Um Abhilfe zu schaffen, muß der Tierarzt die Drüsen ausdrücken; der Inhalt ist übelriechend. Dann füllt er mit einer Spezialspritze ein entzündungshemmendes Präparat in den leeren Drüsenraum.
Leider kommt es bei einer Analdrüsenentzündung häufig zu einem Rückfall. Sie können allerdings versuchen, ihn zu vermeiden, wenn der Kot durch entsprechende Ernährung immer weich gehalten wird.

Rechts und links vom After liegen die erbsengroßen Analdrüsen

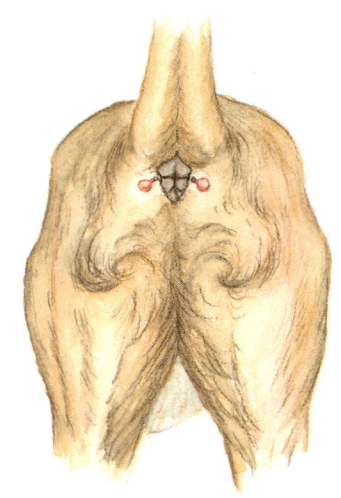

Afterverklebung

Ein langhaariger und ungepflegter Hund kann trotz heftigen Pressens keinen Kot absetzen: Die Ursache kann eine Afterverklebung sein. Haare sind dann mit eingetrocknetem Kot so verfilzt und verklebt, daß keine Entleerung mehr möglich ist. Die Entfernung ist eine scheußliche, aber unerläßliche Prozedur.

Erbrechen

Hunde erbrechen sehr leicht. Gelegentliches Erbrechen ist daher allein noch kein Grund zur Aufregung.

Neurose

Nun kommt es vor, daß wohlerzogene und offensichtlich gesunde Tiere plötzlich durch Erbrechen oder auch durch Durchfall die Wohnung verunreinigen. Wenn Sie sich überzeugt haben, daß wirklich keine Krankheit vorliegt – kein Fieber, guter Appetit, Munterkeit – kann man eine Neurose vermuten. Sie kommt häufiger vor, als man glaubt (s. Seite 57).

Gastritis

Heftige Beschwerden hat der Hund, wenn die Magenwände so gereizt wurden, daß eine Gastritis, also eine **Magenschleimhautentzündung,**

entsteht. Das geschieht zum Beispiel, wenn Hunde den ersten Schnee gierig auflecken (Schneegastritis).

Bei häufigerem Erbrechen kommt es zu einem Teufelskreis: Der Körper gibt durch den Verlust der Magensäure viel Salz ab, was wiederum zu weiterem Brechreiz führt. Sie können eines der Zäpfchen verabreichen, die man beim Menschen gegen Reisekrankheit gibt. Wenn der Erfolg ausbleibt, muß der Tierarzt helfen. Bei älteren Tieren sollte man einen Tag abwarten, bei jungen Hunden (jünger als 6 Monate) wird es schnell bedrohlich.

Fremdkörper in Magen oder Darm

Ein schlimmes Zeichen ist dauerndes Erbrechen bei fehlendem oder sehr geringem Kotabsatz. Wenn man vorsichtig ein Thermometer einführt, klebt statt Kot glasiger, zäher Schleim daran. Das deutet auf einen **Darmverschluß** hin, meist durch Fremdkörper in Magen oder Darm verursacht. Der Darmverschluß kann auch durch eine Darmdrehung *(Volvulus)*, eine Einschiebung *(Invagination)* oder einen Tumor ausgelöst werden.

Wichtig: Versäumen Sie keine Zeit! Der Zustand des Tieres verschlechtert

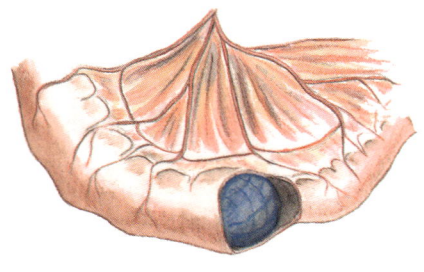

Hier liegt ein fremdkörperbedingter Darmverschluß (Ileus) vor, der unbedingt operiert werden muß

sich rapide, und die allein lebensrettende Operation wird desto schwieriger, je länger man wartet.

Nierenerkrankung
Erbricht Ihr Hund dauernd und hat Fieber, kann eine Nierenerkrankung die Ursache sein. In diesem Falle sollten Sie nicht lange zögern und die genaue Diagnose dem Tierarzt überlassen. Zu leicht kann durch Abwarten oder Anwendung von Hausmitteln der entscheidende Moment für die Behandlung verpaßt werden – die Grundkrankheit muß angegangen werden.

Leptospirose
Dauerndem Erbrechen, mit Störung des Allgemeinbefindens, wie Fieber und Mattigkeit, kann auch eine Leptospirose (s. Seite 27) zugrunde liegen, selbst wenn geimpft wurde.

Generell läßt sich also sagen, daß es nicht besorgniserregend, ja fast normal ist, wenn der Hund gelegentlich erbricht. Geschieht dies aber mehrmals am Tag, liegt eigentlich immer eine ernste Erkrankung vor, die vom Tierarzt abgeklärt werden muß.

Vergiftungen

Aus scheinbarem Wohlbefinden heraus treten plötzlich folgende Symptome auf: Der Hund wirkt teilnahmslos, fast apathisch, er verweigert das Fressen, im Speichel befinden sich Beimengungen von Blut. Erster Gedanke: „Er hat sich vergiftet oder ist vergiftet worden!"
Natürlich ist das möglich, die Wahrscheinlichkeit spricht aber dagegen. Bei genauer Nachprüfung findet sich häufig eine andere Ursache, Vergiftungen sind im allgemeinen selten. Dennoch sollte man so schnell wie möglich einen Tierarzt aufsuchen.
Es ist arge Tierquälerei, dem Hund in einem solchen Zustand Kohletabletten einzugeben oder ihn mit Salzwassergaben zum Erbrechen bewegen zu wollen.

Rattengift

Wenn der Hund im Verlauf weniger Tage zusehends matter wird, ihm blutiger Speichel aus dem Maul rinnt, auch Urin und Kot blutig sind, könnte es eine Vergiftung mit *Dicumarol* (Rattengift) sein, die etwa 3–5 Tage zurückliegt. Dicumarol ist der Stoff, der die Blutgerinnung aufhebt, so daß die Ratten – leider auch andere Tiere – an kleinsten Wunden verbluten. Hunde vergiften sich direkt bzw. durch das Fressen einer vergifteten Ratte. Der Tierarzt hat ein spezielles **Gegenmittel** (Vitamin K_1), das mehrere Tage konsequent gespritzt werden muß. Bei rechtzeitigem Einsetzen der Behandlung sind die Heilungsaussichten relativ gut.

Wenn dem Hund die Haare büschelweise ausfallen, er gelegentlich erbricht oder Durchfall und einen Ausschlag hat, spricht das für eine Vergiftung mit einem anderen Rattengift, dem *Thallium*. Dieses Gift ist tückisch, denn die Symptome treten erst allmählich auf, so daß der Gang zum Tierarzt oft zu spät erfolgt. Zwar gibt es spezielle Gegengifte, doch kann die Behandlung sehr langwierig sein.

Pflanzenschutzmittel

Diese auf der Basis organischer Phosphorverbindungen hergestellten Mittel führen sehr schnell zu Unruhe, Erbrechen und Krämpfen. Wegen der raschen Wirkung des Giftes kommt es darauf an, daß der Tierarzt schnell helfen kann. Es würde zu weit führen, die zahlreichen Möglichkeiten einer Behandlung hier aufzuführen. In vielen Fällen kommt ohnedies leider jede Hilfe zu spät.

Soweit die häufigsten Vergiftungsursachen, deren Unterscheidung noch halbwegs einfach ist. Eine Liste möglicher Gifte wäre endlos, denn prinzipiell kann jeder Stoff als Gift wirken, selbst Wasser und Kochsalz; es hängt von der Menge ab.

Wichtig: Wenn Sie den Verdacht haben, jemand könnte den Hund absichtlich vergiftet haben, müssen Sie für den Fall, daß Sie eine Anzeige erstatten wollen, bedenken, daß Sie die Vergiftung nachweisen müssen. Das ist keineswegs einfach. Lassen Sie sich in einem solchen Falle vom Tierarzt bescheinigen, wann der Hund etwa das Gift aufgenommen haben könnte. Wichtig ist auch der korrekte **Giftnachweis** durch ein Institut. Das kann teuer werden, wenn mehrere Gifte untersucht werden müssen. Grundsätzlich rate ich, besonnen abzuwarten und sichere Beweise zu sammeln, bevor man sich zu einer Anzeige entschließt. Sie könnten zu dem Schmerz über das kranke oder gar gestorbene Tier noch eine erhebliche finanzielle Einbuße erleiden, falls Sie den Prozeß verlieren sollten.

Erkrankungen des Bewegungsapparates

Jeder gesunde Hund läuft gern. Wenn der Bewegungsrhythmus gestört ist, spricht man von **Lahmheit,** deren Ursache häufig schwer festzustellen ist.

Dorn im Ballen

Der Hund setzt einen Fuß gar nicht oder nur winselnd auf: Er kann sich einen Dorn, einen Glassplitter oder ähnliches in den Ballen getreten haben. Bevor Sie genau untersuchen, prüfen Sie zweckmäßigerweise, ob die Lahmheitsursache wirklich auf eine Verletzung der Pfote zurückzuführen ist. Dazu umfassen Sie zunächst eine gesunde Pfote mit der

Aua, da bin ich wohl auf einen Dorn getreten!

Hand und drücken sie mehrfach fest zusammen. Der Hund wird zunächst erschrecken, sich aber an das Drücken gewöhnen und auch nicht mehr zucken. Nun fassen Sie die vermutlich verletzte Pfote und drücken sie schnell und kräftig. Gibt es eine deutliche Schmerzreaktion? Dann suchen Sie intensiv nach dem Fremdkörper, was nicht einfach ist. Haben Sie ihn entdeckt, dann müssen Sie ihn mit einer Splitterpinzette herausziehen.

Ballenverletzung

Bei einer genauen Untersuchung der Ballen entdecken Sie daran vielleicht eine Verletzung. Klaffende Wunden müssen unbedingt tierärztlich behandelt – vielleicht sogar genäht – werden. Ballenverletzungen heilen nämlich ausgesprochen schlecht, da das Gewebe wenig durchblutet ist.
Bei kleineren Wunden können Sie einen Fußverband anlegen. Die Räume zwischen den Zehen sollten Sie mit

Verletzungen/Erkrankungen des Bewegungsapparates	
Verletzung und Erkrankung	Behandlung
Dorn eingetreten	Entfernung
Ballenverletzung	Naht (Tierarzt) Verband (schwierig)
Zwischenzehenekzem	Verband und Puder/Salbe
Knochenbruch	tierärztliche Behandlung
wunde Ballen	Stiefelchen Sprays, Tinktur
Hüftgelenksdysplasie	Anabolika Operation (Tierarzt) Gelenkersatz (Klinik)
Rheuma	Wärme spezielle Hundepräparate (Tierarzt)
Dackellähme	Wärme, Einreibungen, Massage Injektionen (Tierarzt) Operation (Klinik)
Rachitis	vielseitige Ernährung tierärztliche Behandlung

Nagen und Beißen z. B. an Operationswunden kann man durch das Anlegen eines Beißkragens (im Handel erhältlich) verhindern

gen, die der Fachhandel anbietet.

Zwischenzehenekzem

Wenn Sie eine deutliche Schmerzreaktion bemerken, aber keinen Fremdkörper und keine Verletzung feststellen können, müssen Sie sorgfältig auf die Haut zwischen den Ballen achten. Es kann eine sogenannte *Intertrigo,* ein hochschmerzhaftes Zwischenzehenekzem, vorliegen. Geringe Veränderungen – leichte Rötung, kleine Pickelchen, verklebte Haare – bewirken zuweilen schon eine deutliche Lahmheit. Eine Behandlung mit einem guten Wundpuder oder einer Salbe (zum Schutz den Verband nicht vergessen!) bringt rasche Linderung.

Watte polstern, da der Hund dort schwitzt, mit Puder versorgen und eine Mullbinde um die Pfote wickeln. Wichtiger als kunstgerechtes Verbinden ist aber, den Verband zum Schluß sorgfältig mit Isolierband zu umwickeln, damit der Hund ihn nicht so leicht abnagen kann. Ein paar Tropfen Kölnisch Wasser darauf geträufelt, halten ihn davon ab, weil er diesen Geruch verabscheut. Der beste Nageschutz sind spezielle Plastikhalskra-

Wichtig: Sollte durch diese Behandlung keine Besserung eintreten, müssen Sie unbedingt mit dem Hund zum Tierarzt gehen!

Knochenbruch

Hatte der Hund einen Unfall und lahmt er danach, muß unbedingt der Tierarzt helfen. Es ist dringend davon abzuraten, ohne genaue Diagnose einfach abzuwarten und auf die Heilkraft der Natur zu hoffen. In der Regel kann erst durch eine Röntgenaufnah-

Eine einfache, jedoch wirkungsvolle Knochenbruchbehandlung bei entsprechend unkomplizierten Fällen: Ruhigstellung bis zur Heilung

me geklärt werden, ob ein Knochenbruch vorliegt oder nicht.

Unkomplizierte Brüche heilen mit Hilfe eines Stützverbandes (Gips, Kunststoff) schnell. Schwerere müssen genagelt oder verschraubt werden.

Wunde Ballen

Wenn Hunde viel auf der Straße laufen, kommt es oft zu wunden Ballen. Die sind sehr schmerzhaft, ganz besonders im Winter bei Streusalz auf den Straßen. Abhilfe schaffen kleine Stiefelchen aus dem Hundeshop, die durchaus keine Modetorheit sind. Vorbeugend und heilend wirken Ballensprays oder Kunststofftinkturen mit Nylonfädchen (Zoofachhandel).

Hüftgelenksdysplasie (HD)

Sie sind Besitzer eines großen Hundes, vielleicht sogar eines Schäferhundes? Das Tier ist noch jung, wird bei Spaziergängen aber leicht müde? Die Ursache kann ein angeborener Herzfehler sein. Falls Sie Ihre Sorgen jedoch einem erfahrenen Schäferhundzüchter mitteilen, wird dieser möglicherweise bedenklich dreinblicken und mit zwei Buchstaben antworten: HD. Damit ist die gefürchtete Hüftgelenksdysplasie gemeint.

Es handelt sich hierbei um eine angeborene und vererbbare Fehlbildung des Hüftgelenkes, ein Unglück für jeden Züchter. Eine exakte Diagnose ist nur mit Hilfe einer speziellen Röntgenaufnahme zu stellen, die der Tier-

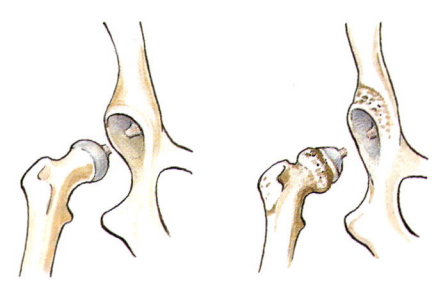

Gesundes Hüftgelenk (Abb. links), Hüftgelenk mit Dysplasie (Abb. rechts)

arzt bei einer leichten Narkose durch-
führt.

Ein Tier, das an einer Hüftgelenksdysplasie leidet, dürfen Sie auf keinen
Fall zu Zuchtzwecken einsetzen. Es
gibt verschiedene Grade der HD. In
leichteren Fällen gleicht die Muskula-
tur die Fehlbildung des Gelenkes aus.
Das läßt sich durch **Anabolika** – ja-
wohl, die Muskelpillen der Sportler! –
gut unterstützen. Bei schwerem De-
fekt hilft eine Operation. Dabei muß
notfalls das ganze Gelenk entfernt
werden. Vierbeiner können einen
solchen körperlichen Mangel, der
hierbei auftritt, jedoch einigermaßen
ausgleichen. Neuerdings werden auch
Gelenkprothesen eingepflanzt. Diese relativ aufwendige Operation wird
in speziell dafür eingerichteten Tierkliniken durchgeführt.

Rheuma

Zeigt ein altes Tier beim Laufen rasch
Ermüdungserscheinungen, kann es
von Rheuma geplagt sein. Bei der Behandlung steht die Beseitigung des
Schmerzes im Vordergrund. Eine Linderung erreichen Sie durch Wärme in
jeder Form. Vermeiden Sie es, daß Ihr

*Wer so fröhlich springt, hat bestimmt
keine Gelenksprobleme!*

UNSER TIP

**Rheumapräparate für Menschen wer-
den von Hunden schlecht vertragen.
Ihr Tierarzt wird Ihnen aber ein für
Hunde geeignetes Medikament geben
oder verschreiben.**

Hund an zugigen Stellen liegt, und
stellen Sie ihm eine gut isolierte
Schlafunterlage zur Verfügung.
Leichte Bewegung ist empfehlenswert, um die Funktion der Gelenke
zu erhalten.

 *Ganz schlimm: das typische Bild einer
ausgeprägten Dackellähme*

Dackellähme

Dackel leiden häufig im Alter, gelegentlich auch schon in jungen Jahren, an der schlimmen Dackellähme. Sie kann auch bei anderen Rassen (Pudel, Pekinesen, Spaniels) vorkommen. Dackel sind mit ihrem langen Rücken jedoch besonders gefährdet. Die Erscheinungen reichen von einer unauffälligen Steifheit bis zur totalen Lähmung des Hinterteiles.
Ursache ist eine Verspannung der Rückenmuskulatur, in schweren Fällen ein vollständiger **Bandscheibenvorfall**. Wie beim Rheuma helfen auch hier Wärme und Einreibungen der verhärteten Rückenmuskulatur, schlimmstenfalls eine Operation.

Wichtig: Bei stärkeren Schmerzen und Lähmungen kann ausschließlich der Tierarzt helfen, und zwar mit Spritzen, Bestrahlungen, ja sogar durch Chiropraktik oder operativ.

Eine Vorhersage über den mutmaßlichen Verlauf läßt sich nur schwer treffen. Generell gilt, daß auch bei schwersten Lähmungen noch Hoffnung besteht, solange Schmerzen überhaupt noch zu beobachten sind. Leichte Bewegung ist bei solchen Zuständen gut, sofern die Beschwerden es zulassen.

Rachitis

Junge Hunde großwüchsiger Rassen (Doggen, Bernhardiner) bekommen heute noch gelegentlich Rachitis (Knochenweiche). Die Beine wirken dabei geschwollen und sind an den Gelenken stark verdickt, dazu merkwürdig verbogen. An den Rippenbögen finden sich Knoten, auch Rosenkranz genannt. Vorbeugende Maßnahmen sind dringend zu empfehlen. Sie bestehen vor allem in einer vielseitigen, eiweiß- und mineralstoffreichen Ernährung. Dazu wird ein wirksames Vitaminpräparat, das die Vitamine A, D und E enthalten sollte, verabreicht. Da großwüchsige Hunde ein außerordentliches Wachstum aufweisen, erfordert ihre Aufzucht besondere Aufwendungen. Später wird der Unterhalt einfacher.

Heute sind neben der klassischen Rachitis eine ganze Reihe weiterer und nur sehr schwierig zu diagnostizierender Knochenerkrankungen bekannt, die alle ähnlich wie Knochenweiche aussehen.

Wichtig: Zur Behandlung müssen spezielle Hormonpräparate eingesetzt werden, die nur der Tierarzt verabreichen darf.

Tumoren und andere Schwellungen

Geschwülste

Besonders im Alter leidet der Hund recht oft an Geschwülsten. Am häufigsten treten sie an der Milchdrüse auf. Etwa jede zweite ältere Hündin entwickelt dort tastbare Knoten. Hiergegen ist jedoch eine gewisse Vorbeugung möglich: Sie besteht in der Kastration des jungen Tieres. Damit kann die Gefahr des Auftretens von

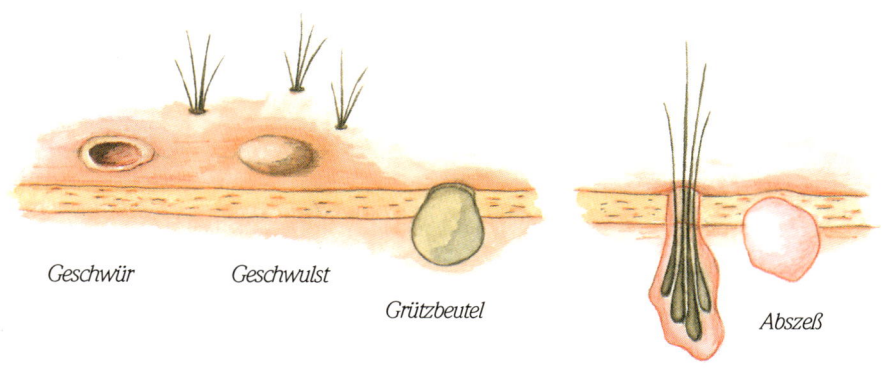

Geschwür   Geschwulst

Grützbeutel

Abszeß

Furunkel

Gesäugetumoren merkbar verringert werden. Ansonsten gilt, daß Geschwülste genau beobachtet und im richtigen Moment operiert werden müssen. Es ist einfach, den Hund spielerisch auf tastbare Knoten zu untersuchen. Kraulen Sie ihn dabei, und er wird sich das mit Genuß gefallen lassen. Man streicht die Haut ab und achtet sorgfältig auf Verdickungen, ebenso die Milchdrüse – auch beim Rüden. Am besten kneten Sie sie sanft durch.

Eine rechtzeitig vorgenommene Operation ist unkompliziert. Bei einer läufigen oder scheinträchtigen Hündin ertastet man gelegentlich Verdickungen. Bitte nicht erschrecken, diese sind meist hormonell bedingt und verschwinden wieder! Dennoch müssen sie gut beobachtet werden.

Grützbeutel
Unter der Haut entwickeln sich gelegentlich Geschwülste, die schnell sehr groß werden können. Sie fühlen

Schwellungen der Haut	
Erkrankung	**Behandlung**
Geschwülste gutartig – bösartig (Krebs; Unterscheidung nur mikroskopisch)	Operation (Tierarzt) Vorbeugung: durch frühe Kastration der Hündin
Grützbeutel	Operation (Tierarzt)
Eingeweidebruch	Untersuchung, evtl. Operation (Tierarzt)
Furunkel, Abszeß	abwarten, Zugsalben Einschnitt (Tierarzt)
Insektenstich	Kühlung Injektion (Tierarzt)
Allergien	Ursachen erkennen und beseitigen abwarten Injektion (Tierarzt)
Schlangenbiß	bei Kreuzotterbiß abwarten, bei anderen Giftschlangen (Ausland) tierärztliche Behandlung (Serum)

UNSER TIP

Es existieren Dutzende verschiedener Geschwulstarten, die in unterschiedlichem Maße gefährlich sind. Wenn der Tierarzt nach der Operation zu einer mikroskopischen Tumoruntersuchung rät, sollten Sie zustimmen, weil danach die Aussichten auf Heilung besser zu beurteilen sind.

sich wie mit Flüssigkeit gefüllte Beutel an. Es handelt sich um sogenannte Grützbeutel, die gutartig sind. Ein Grützbeutel muß zusammen mit seiner Kapsel sorgfältig operativ ausgeschält werden.

Eingeweidebruch

In der Nabelgegend, der Leiste oder an anderen Stellen des Bauches bemerken Sie eine Hervorwölbung. Mit sanftem Druck läßt sie sich verstreichen, kommt aber gleich wieder hervor. Mit ziemlicher Sicherheit liegt hier ein Eingeweidebruch *(Hernie)* vor. Besonders häufig sind **Brüche am Nabel**. Hervorwölbungen bis zu einer Größe einer Haselnuß können ein reiner Schönheitsfehler sein. Sehr problematisch ist es allerdings, wenn sich Eingeweideteile im Bruchsack befinden. Bei einer Einklemmung be-

steht akute Lebensgefahr; nach einer alten Regel muß man noch vor Sonnenuntergang operieren.

Wichtig: Jeder Bruch muß unbedingt vom Tierarzt untersucht und behandelt werden!

Furunkel oder Abszeß

Ist die Verdickung heiß und schmerzhaft, so wird es sich um einen sehr schmerzhaften Furunkel oder Abszeß handeln. Die Anwendung von Zugsalben aus der Hausapotheke ist nur dann nützlich, wenn die Stelle nicht abgeleckt werden kann. Sonst hilft nur Abwarten oder ein Gang zum Tierarzt, der die Qual mit einem kurzen Einschnitt beendet.

Insektenstiche

Im Sommer treten häufig starke Schwellungen im Kopfbereich auf: Dabei handelt es sich meist um Insektenstiche. Kühlung vermag die Schmerzen zu lindern. Drücken Sie am besten einen Plastikbeutel mit Eisstücken und Wasser auf die Schwellung. Bei **Atembeschwerden**, zum Beispiel nach einem Stich in Zunge oder Rachen, muß allerdings unverzüglich der Tierarzt aufgesucht werden, der sofort ein Mittel zum Abschwellen spritzen wird.

Allergien

Über den ganzen Körper verteilte Schwellungen, nässende oder schorfige Stellen, die plötzlich auftreten, können durch Allergien, also Überempfindlichkeitsreaktionen, hervorgerufen werden.

Die Ursache der Allergie ist nicht immer leicht auszumachen – vielleicht ist es ein Arzneimittel, ein Stich oder ungewohnte Nahrung. Sollte der Hund krank wirken, muß der Tierarzt mit Spritzen oder Tabletten helfen, andernfalls können Sie abwarten.

Schlangenbiß

Schon so mancher Hund, der mit angeschwollenem Kopf oder dickem Bein von einem Heideausflug zurückkam, wurde durch das Aufschneiden der vermeintlichen Bißstelle, durch Abbinden oder Aussaugen gequält. In einem solchen Falle tippe ich eher auf einen Insektenstich. Selbst beim Zusammenstoß mit einer der seltenen Kreuzottern hat die Schlange mehr zu „befürchten" als der Hund. Wenn der Hund aber doch gebissen wurde und das winselnde Tier ernsthaft krank wird, sollten Sie sicherheitshalber den Tierarzt aufsuchen. Beim Schlangenbiß ist die Liste der Hilfsmaßnahmen lang. Keine Selbstbehandlung!

Tumoren an den inneren Organen

Eingangs sagte ich, daß Tumoren bei Hunden häufig sind. Das bezieht sich auf die tastbaren Geschwülste der Haut und der Milchdrüsen. Wie beim Menschen können daneben aber auch tumoröse Veränderungen an inneren Organen, also an Lungen, Magen, Darm und anderen, vorkommen. Doch sind diese glücklicherweise selten. Der Verdacht entsteht, wenn der Hund abmagert und keine andere Ursache ermittelt werden kann. Die genaue Diagnose ist für den Tierarzt keine leichte Aufgabe. Ob bei einem derartigen Tumor eine Operation sinnvoll ist oder nicht, stellt eine schwierige Entscheidung dar, für die es keine generelle Regel gibt.

Erkrankungen der Harnorgane

Erkrankungen der Harnorgane sind beim Hund recht häufig, lassen sich aber meist gut behandeln. Leider sind sie jedoch für den Laien nicht leicht festzustellen.

Nierenentzündung

Die Nierenentzündung kann akut oder chronisch auftreten. Das Tier wirkt krank, aber die Symptome

Wenn beim Harnabsetzen alles klappt, kann man schon zufrieden sein

können mehr oder weniger deutlich sein. Die Temperatur kann erhöht sein, der Appetit ist gering, in schweren Fällen wird erbrochen. Zum Ruhen sucht der Patient häufig kühle Plätze auf. Klarheit bringt nur eine Urinuntersuchung.

Die Uringewinnung ist keineswegs einfach, da das Tier erschreckt auf-

hört, wenn Sie mit einem Gefäß den Strahl auffangen wollen. Doch es gibt einen Trick: Man bindet einen gründlich gereinigten Becher an einen

UNSER TIP

Für chronisch nierenkranke Hunde gibt es eine vorzügliche Diät als Alleinfutter. Ihr Tierarzt wird Sie beraten!

Stock und geht mit dem angeleinten Hund spazieren. Wenn er Urin absetzt, ganz langsam den Becher heranführen und den Urin auffangen.

Wichtig: Bedenken Sie, daß eine akute Entzündung leicht, eine chronische hingegen nur schwer geheilt werden kann. Also gehen Sie bitte möglichst bald zum Tierarzt, wenn die Hausmittel (Wärme, viel Flüssigkeit) versagen!

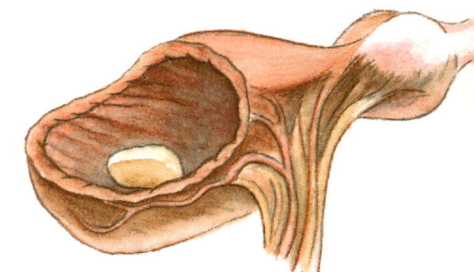

Eine entzündete Harnblase mit verdickten Wänden und einem Blasenstein

Blasenentzündung

Die Blasenentzündung entsteht meist durch Erkältung und ist äußerst schmerzhaft. Harn wird häufig in kleinen Portionen unter Winseln abgesetzt. Er kann auch verfärbt, ja mit Blut vermischt sein.
Trotz der Schmerzen ist die Blasenentzündung weniger gefährlich als ein Nierenleiden. Zunächst soll der Hund sehr viel trinken. Wärme lindert darüber hinaus den Schmerz. Wenn schnelle Besserung ausbleibt, kann nur der Tierarzt helfen.

Blasenstein

Schmerzen beim Wasserlassen, aber auch bei anderen Bewegungen, die mit einem Krümmen des Rückens einhergehen, können auf einen Blasenstein hindeuten (Nierensteine sind seltener). Blut im Urin ist ein weiterer Hinweis, Klarheit bringt aber nur eine Röntgenaufnahme. Kann der Stein die Harnröhre nicht passieren, rate ich zur

Hier sind eine Niere (oben) und die Harnblase (unten) schematisch dargestellt

Erkrankungen der Harnorgane	
Erkrankung	**Behandlung**
Blasenentzündung	Wärme, viel Flüssigkeit (keine Milch!) tierärztliche Behandlung
Nierenentzündung	Wärme, viel Flüssigkeit (keine Milch!) Diätnahrung tierärztliche Behandlung
Blasenstein	Operation (Tierarzt)
Hundetripper (Vorhautentzündung)	Antibiotika in Vorhaut einführen

Operation. Liegt erst eine chronische Entzündung oder gar eine Harnvergiftung vor, sinken die Überlebenschancen deutlich.

Hundetripper

Bei älteren Rüden findet sich an den Haaren der Vorhautöffnung sehr häufig ein grüngelbliches Eitertröpfchen. Mit dem letzten Urin geht dann auch etwas Eiter ab. Man spricht hier von Hundetripper. Es handelt sich dabei um eine chronische Vorhautentzündung, eine ernsthafte Erkrankung. Beim Tierarzt erhalten Sie eine mit einem starken Antibiotikum gefüllte Plastikspritze, eigentlich für die Behandlung der Euterentzündung des Rindes gedacht.

Die Vorhautöffnung wird mit einem Wattebausch oder Läppchen gesäubert und dann die abgerundete Spitze der Spritze vorsichtig in die Vorhaut – nicht in die Harnröhre – eingeführt. Sie sollten einige Tropfen hineindrücken, das tut nicht weh, und dann diese sorgsam durch Massieren von außen verteilen.

Gewichtszunahme

Adipositas

Wenn ein Hund bei starkem Appetit und gutem Allgemeinbefinden immer dicker wird, kann man getrost auf **Fettsucht** tippen, wissenschaftlich *Adipositas* genannt, ein häufiges, vielleicht das häufigste Hundeleiden überhaupt. Nach gesicherten Daten sind etwa 30 Prozent aller Tiere in Deutschland zu dick. Sie erkennen die Verfettung an der gleichmäßigen Rundung des Körpers; will man eine Hautfalte greifen, hat man ein richti-

Gewichtszunahme	
Ursache	**Maßnahmen**
Adipositas (Fettsucht)	Futterreduzierung Diätfutter Bewegung
Scheinschwangerschaft	abwarten Injektion (Tierarzt) Kastration (Tierarzt)
Bauchwassersucht	nur tierärztliche Behandlung
Pyometra (Gebärmuttervereiterung)	nur Operation (Tierarzt)

ges Stück Speck zwischen den Fingern. Fettleibigkeit entsteht bei einem deutlichen Mißverhältnis zwischen Nahrungszufuhr und Bewegung, vor allem auch, wenn man das Freßverhalten des Hundes nach menschlichen Maßstäben beurteilt. Ißt ein Mensch gierig und hastig, so war er ungewöhnlich hungrig und stopft sich richtig voll. Anders beim Hund. Als Meutetier muß er im Hunderudel die unregelmäßigen Mahlzeiten immer mit anderen teilen, Ranghöhere haben Vorrang. In Ihrer Hausgemeinschaft ist er im Regelfall der Rangniedrigste, fühlt sich also veranlaßt, das Futter so schnell wie möglich zu verschlingen. Deswegen darf man nicht immer wieder nachfüllen, sondern muß die Futtermenge vernünftig begrenzen. Die Behandlung der Fettsucht ist vordergründig einfach – weniger füttern –, tatsächlich aber äußerst schwierig. Sprechen Sie zunächst ernsthaft mit allen, die dem Hund im Laufe des Tages etwas zustecken.

Wichtig: Nur *einer* in der Familie darf füttern, nur *eine* kontrollierte Mahlzeit pro Tag geben, keine Leckerbissen!

Legen Sie diese knappe Mahlzeit vor einen Spaziergang, dann ist der Hund abgelenkt und bettelt nicht hinterher. Die Mahlzeit soll klein sein, etwa die Hälfte der bisher üblichen Menge, und wenig Fett sowie Kohlenhydrate enthalten. Es gibt auch spezielle **Abmagerungsdiäten** als Alleinfutter. Anderes Futter darf nicht verfügbar sein. Nach anfänglichem Zögern, was nur nützlich ist, wird der Hund das angebotene Fressen schon aufnehmen. Bis zum angestrebten Normalgewicht rechnet man etwa 2 Monate. Regelmäßige **Bewegung** ist in jedem Falle gut und unterstützt die Kur, kann eine Diät aber nicht ersetzen. Die Hunde leben nicht in freier Wildbahn wie die Wölfe, die in einer Nacht 60–90 km zurücklegen.

Scheinschwangerschaft

Wenn die Milch einschießt, ohne daß der Bauch rund wird – manchmal wird er es aber durchaus – kann nur eine Scheinschwangerschaft vorliegen, ein Zustand, der viele Hündinnen regelmäßig plagt, laut Statistiken 13 Prozent aller weiblichen Tiere. Das gerötete und gespannte Gesäuge kühlen Sie mit einem Handtuch, in das Eiswürfel eingerollt sind. Das lindert die Schmerzen und mindert die Schwellung. Effektiv kann der Tierarzt mit Hormonspritzen helfen. Das letzte Mittel wäre die Kastration.

Ja, ja, hier hat man es mit dem Futter zu gut gemeint!

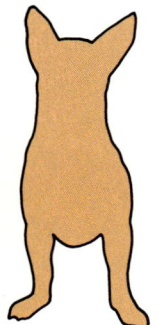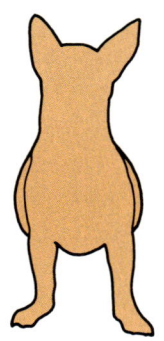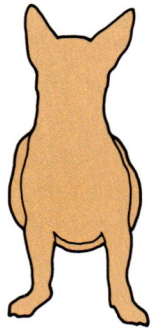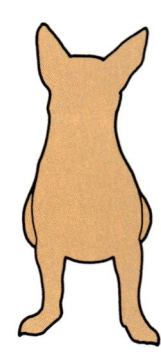

▬▬▬ *Diese Umrißzeichnungen zeigen von links nach rechts: einen normalen Hund, eine trächtige Hündin, ein fettsüchtiges Tier, ein Tier mit Bauchwassersucht*

Bauchwassersucht

Ein schlimmes Zeichen ist es, wenn der Hund zwar einen dicken Bauch bekommt, sonst aber mager, ja sogar dürr erscheint.

Das deutet auf eine Bauchwassersucht hin *(Aszites).* Auf den ersten Blick mag das Tier dick wirken, die Hautfalten sind aber sehr dünn, der Rücken spitz, und im Bauch schwappt eine Menge Flüssigkeit, die hörbar plätschert. Das ist eine schwerwiegende Erkrankung, die auch bei sachgerechter Behandlung eine ungünstige Prognose hat. Verlieren Sie keine Zeit, und gehen Sie so bald wie möglich zum Tierarzt!

Pyometra

Bei der gefürchteten **Gebärmutter-vereiterung,** die medizinisch *Pyometra* genannt wird, ist die Vergrößerung des Leibesumfanges nur ein Krankheitszeichen unter vielen (es kann sogar fehlen).

Pyometra ist zu befürchten, wenn die Hündin vermehrten Durst zeigt, weniger frißt, gelegentlich erbricht und auch außerhalb der Läufigkeit Ausfluß hat.

Besonders gefährdet sind ältere Tiere, die nie Junge hatten. Schon im Verdachtsfalle müssen Sie unbedingt den Tierarzt aufsuchen, denn die Aussichten auf Heilung sind um so besser, je früher die Erkrankung erkannt wird. Im Regelfall besteht die tierärztliche Behandlung in der operativen Entfernung von Gebärmutter und Eierstöcken.

Trächtigkeit

Wenn sich das Bäuchlein Ihrer Hündin rundet, können Sie grundsätzlich Trächtigkeit vermuten, selbst wenn sie sehr alt sein sollte und/oder Sie keinen Deckakt beobachtet haben. Das Tier wird dabei nicht am gesamten Körper rundlich – die Hautfalten sind nicht sonderlich dick –, nur der Bauch wölbt sich beträchtlich, was am stehenden Hund gut von hinten zu beobachten ist. Die Dauer der Trächtigkeit beträgt zwischen 59 und 67 Tage. Klarheit bringt das Abtasten durch den Fachmann (schwierig) oder eine Ultraschalluntersuchung.

Seltene Erkrankungen

Die Möglichkeiten, daß ein Hund erkrankt, sind so vielfältig, daß sie selbst für den Fachmann kaum zu überblicken sind. In diesem Buch werden daher nur die häufigsten behandelt. Es gibt jedoch Krankheiten, die man zumindest in Betracht ziehen sollte, wenn der Hund auffällig wird, und auf den ersten Blick keine Diagnose zu stellen ist. Der Tierarzt wird den Hinweisen der Tierbesitzer gern folgen und Untersuchungen einleiten, die den Verdacht bestätigen oder ausräumen.

Seltene Erkrankungen	
Erscheinungen	**mögliche Erkrankung**
vermehrter Durst, Mattigkeit	Zuckerkrankheit
Mattigkeit, Fieber, Atemprobleme	Tuberkulose
Ruhelosigkeit, Lähmungen, Juckreiz	Aujeszkysche Erkrankung
Kopfmuskelkrämpfe	Starrkrampf
nach Zeckenstich: Lahmheiten	Borreliose
nach einem Aufenthalt in den Tropen oder Subtropen	
starkes Krallenwachstum, schuppige Hautveränderungen an den Ohren	Leishmaniose
Fieber, Mattigkeit	Babesiose
blutiger Durchfall	Amöbiasis

Verhaltensänderungen

Krankheitsbilder

Durch das ständige Zusammensein kennen Sie Ihren Hund sehr genau; Sie wissen, wie sich Freude, Schmerz und Wohlbefinden bei ihm äußern. Vielleicht stellen Sie aber einmal eine Verhaltensänderung fest, für die Sie nicht sofort eine Erklärung haben, die Ihnen möglicherweise sogar Anlaß zur Besorgnis gibt.

Im folgenden werden einige Krankheitsbilder aufgeführt, deren Beschreibung Ihnen helfen soll, ein plötzlich auftretendes sonderbares Verhalten Ihres Hundes besser und schneller zu deuten. Das kann Sie möglicherweise vor einer falschen oder verspäteten Entscheidung bewahren.

Dackellähme

Über diese Erkrankung wurde bereits an anderer Stelle ausführlich gesprochen (s. Seite 70). Wenn sie plötzlich auftritt, kann man durchaus eine Störung des Nervensystems vermuten. Starke Schmerzen und ungewohnte Bewegungseinschränkungen machen Ihren Hund aggressiv und unberechenbar. Natürlich müssen die Ursachen der Erkrankung bekämpft werden. Gleichgültigkeit, Unverständnis oder gar eine Bestrafung von Ihrer Seite würden das Leiden Ihres Hundes nur verschlimmern.

Epilepsie

Immer noch werden viele Hunde bei Epilepsie überhaupt nicht oder nur unzureichend behandelt. Der akute Anfall mit sekundenlangem Bewußtseinsverlust wird von vielen Hundehaltern nicht ernst genommen, weil bereits kurz danach wieder alles normal zu sein scheint.

Sollten Sie jedoch bei Ihrem Hund einen solchen Anfall beobachten, müssen Sie ihn so schnell wie möglich zum Tierarzt bringen, weil bei jedem Krampf Gehirnzellen absterben. Der Arzt wird Tabletten als Dauerbehandlung verordnen, mit denen sich die Anfälle vermeiden lassen. Der kleine Patient kann dann weiterhin ein ziemlich normales Leben führen.

Wichtig: Während eines akuten Krampfanfalls läßt man den Hund ruhig liegen, denn er könnte beißen! Erst nach völliger Beruhigung sollte der Tierarzt aufgesucht werden.

Fremdkörper in der Maulhöhle

Wenn Ihr Hund auf einmal ohne ersichtlichen Grund den Kopf mehrmals hin- und herbewegt und sich verzweifelt mit den Pfoten die Schnauze reibt, könnte er einen Fremdkörper im Maul (s. Seite 46), doch auch eine Vergiftung haben. Meistens werden Sie ohne ärztliche Hilfe den Fremdkörper übrigens selbst entfernen können.

Fremdkörper im Gehörgang

Eine Granne im Gehörgang verursacht Erscheinungen (Symptome) wie bei einem Schlaganfall (s. auch Seite 45 f.) Sie müssen die Zeichen richtig deuten, damit Sie rasch einen Tierarzt aufsuchen und Ihrem Hund weitere starke Schmerzen ersparen können.

Verhaltensänderungen

Erscheinungen	mögliche Ursache
Lähmungen, starke Schmerzen	Dackellähme
sekundenlange Krämpfe ohne Bewußtsein	Epilepsie
Kopfschlagen, Reiben mit Pfoten an Kopf	Fremdkörper (Maulhöhle)
Kopfschütteln, Kopf schief halten, Winseln	Fremdkörper (Gehörgang)
minutenlange Krämpfe bei vollem Bewußtsein, Husten	Herzanfall
Berührungsempfindlichkeit, Kopf schief, Winseln, Bissigkeit	Hexenschuß (Lumbago)
Winseln, Weinen, Drang zum Entweichen (Rüde)	Liebeskummer
Wälzen, Schreien, Aufblähung (große Hunde)	Magenverdrehung
Bissigkeit, Unsauberkeit	Neurose
Bissigkeit, Nestverteidigung, Gesäugeschwellung	Scheinschwangerschaft
Ängstlichkeit, Scheu, heisere Stimme, Lähmungen, Speichelfluß	Tollwut
Krämpfe, Würgen, Speicheln, Erbrechen, Durchfall, Blut im Speichel und Urin	Vergiftung

Herzanfall

Ungenaue Beschreibungen der Erscheinungen durch die Tierbesitzer veranlassen den Tierarzt unter Umständen, zunächst fälschlicherweise einen epileptischen Anfall zu vermuten.

Im Gegensatz dazu ist es für einen Herzanfall aber typisch, daß bei dieser Krise, die zumindest einige Minuten dauert, das Tier bei Bewußtsein bleibt. Außerdem muß der Hund vor dem Anfall mehrmals husten.

Wichtig: Je genauer Sie dem Arzt die Erscheinungen schildern können, desto schneller kann dieser eine richtige Diagnose stellen und daraufhin eine entsprechende Behandlung einleiten.

Hexenschuß

Ein akuter Hexenschuß (Lumbago) verursacht so heftige Schmerzen, daß der Hund geradezu „verrückt" erscheint. Er will nicht angefaßt werden, winselt, ist ungewohnt aggressiv und bissig und hält manchmal den Kopf schief.

Der Tierarzt muß ihm rasch mit starken Schmerzmitteln Linderung verschaffen. Quälen Sie den Patienten bitte nicht mit Hausmitteln! Das ist gut gemeint, bringt aber keinen Nutzen.

Liebeskummer

Wer erstmals einen Rüden mit richtigem Liebeskummer erlebt, der hält möglicherweise dessen Winseln, Heulen und ständiges Kratzen an der Tür für sichere Anzeichen einer ernsthaften Erkrankung.

Aber selbst wenn Sie das Verhalten Ihres Rüden richtig einordnen, müssen Sie handeln. Ohne Hilfe ihn einfach nur einzusperren, wäre Tierquälerei. Tierfreunde geben ihrem Hund in dieser Not bewährte Beruhigungsmittel vom Tierarzt.

Magenverdrehung

Wenn große Hunde nach einer Mahlzeit plötzlich starke Schmerzen erkennen lassen, sich wälzen und schreien, und ihr Leib sich deutlich aufbläht, könnte eine Magenverdrehung vorliegen. Sie ist lebensgefährlich und erfordert ein schnelles Eingreifen des Tierarztes.

Wichtig: Jede Minute, die Sie tatenlos verstreichen lassen, mindert die Überlebenschancen Ihres Hundes. Er muß sofort operiert werden, was bei dem häufig geschädigten Kreislauf jedoch nicht ohne Gefahr ist. Je schneller der Hund zum Arzt gebracht wird, desto größer ist seine Überlebenschance.

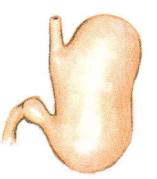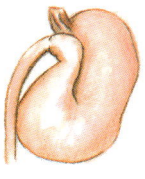

In diesem Schema wird – von links nach rechts – die Ausbildung einer Magenverdrehung dargestellt

Neurose

Mancher Hund wird plötzlich unsauber, bissig und unleidlich. Wenn keine erkennbaren Krankheiten vorliegen, könnte eine Neurose vermutet werden.

Die Ursachenforschung erweist sich jedoch selten als einfach: Eine Änderung in der „Familienhierarchie" (Baby), ein neuer Schlafplatz, weniger Streicheleinheiten oder unverständliche Strafen? Sie müssen es herausfinden! Besser als alle Medikamente ist allemal die Hilfe eines erfahrenen Hundepsychologen.

Scheinschwangerschaft

Diese Störung wurde bereits abgehandelt (s. Seite 49). Wer sie bei seiner Hündin erstmals erlebt, mag an eine tiefgreifende seelische Erkrankung denken. Dabei ist die Abhilfe relativ einfach: sich wenig darum kümmern und ab an die frische Luft!

Tollwut

Viele Verhaltensänderungen können auf Tollwut hindeuten: Ängstlichkeit, Scheu, heiseres Bellen, ein schwankender Gang und Speichelfluß. Ängstigen Sie sich nicht unnötig: Beim geringsten Verdacht sollte ein Tierarzt hinzugezogen werden. Das Risiko einer tödlich verlaufenden Erkrankung im eigenen Heim rechtfertigt jeden Aufwand.

Vergiftung

Schon manche Vergiftung wurde als Tollwut mißdeutet. Bei der Vielzahl der in Frage kommenden Gifte würde es jedoch den Rahmen sprengen, alle aufzuzählen (s. auch Seite 64).

Wichtig: Es empfiehlt sich bei deutlichen Verhaltensänderungen, schon zur eigenen Beruhigung, und um das Tier nicht leiden zu lassen, schnellstens einen Tierarzt aufzusuchen.

Der alternde Hund

Haltung und Pflege

Hunde erreichen in menschlicher Obhut im Regelfall ein wesentlich höheres Alter als ihre in Freiheit lebenden Verwandten, die Wölfe. Trotzdem währt ihr Leben nicht ewig. Hunde altern nun einmal und müssen eines Tages auch sterben. Es gibt aber viele Möglichkeiten, ihnen das Alter angenehm zu gestalten und das Ende möglichst weit hinauszuschieben.

Der alternde Hund hat Anspruch auf das gewohnte Maß an Zuneigung und Anteilnahme, auch wenn er nicht mehr so aktiv ist wie in jüngeren Jahren. Hunde verkümmern seelisch viel schneller als körperlich; Versäumnisse auf diesem Gebiet sind durch keine andere Maßnahme auszugleichen.

Wichtig: Die Fütterung ist wichtig. Sie soll ausgewogen sein, jedoch keinen Fettansatz fördern. Moderne Fertigfuttermittel berücksichtigen die Ansprüche alternder Hunde und verhindern Mangelerscheinungen. Leckerbissen sind erlaubt, wenn sie hundegerecht sind und nicht zur Alleinnahrung werden.

Selbstverständlich müssen Krankheiten rechtzeitig erkannt und fachgerecht behandelt werden. Dafür finden sich in diesem Buch zahlreiche Hinweise.

Zusätzlich gibt die folgende Checkliste einen Leitfaden für die Gesundheitsfürsorge beim alternden Hund. Der Tierarzt wird diese Organe und Organsysteme besonders sorgfältig untersuchen und die häufigen Erkrankungen, die das Tier im Alter plagen, schonend behandeln.

Checkliste Untersuchung alternder Hunde

Organ bzw. Organsystem		mögliche Erkrankungen
◆ Zähne		Zahnstein, Wackelzähne
◆ Ohren		Ohrenzwang
◆ Analdrüsen		Entzündung, Verstopfung
◆ Krallen		unzureichende Abnutzung
◆ Haut		Tumoren
◆ Augen		Star
◆ Bewegungsapparat		Rheuma, Arthrose
◆ Hündin:	Gesäuge	Tumoren
	Gebärmutter	Entzündung
◆ Rüde:	Vorhaut	Hundetripper
	Prostata	Vergrößerung

Wahl des Tierarztes

Welcher Tierarzt ist der richtige?

Als Hundebesitzer hat man vielfältige Möglichkeiten, vor allem bei den täglichen Spaziergängen, mit anderen Hundefreunden Bekanntschaften zu schließen. Da tauscht man Erfahrungen aus, erörtert Probleme und kommt mit Sicherheit auch auf den Tierarzt zu sprechen.

Eines ist nämlich gewiß: Ohne diesen kommt kein Hundehalter aus. Selbst bei stabiler Gesundheit Ihres Hundes sind immer wieder Impfungen fällig; Wurmmittel, Beruhigungstabletten, zuverlässige Flohpräparate liefert der Praktiker, der Ihren Hund gut kennt.

Fragen Sie also ruhig andere Hundebesitzer nach ihren Empfehlungen, falls Sie mit Ihrem Hund noch nie bei einem Tierarzt gewesen sein sollten. Gewisse Grundkenntnisse sind allerdings nützlich, um nicht gerade vom Amtstierarzt zu verlangen, dem Hundebaby die Wolfskrallen zu entfernen. Es gibt bei den Tierärzten inzwischen mehr als 30 Fachrichtungen! Die Skala reicht vom Spezialisten für Geflügel bis zum Fischexperten, vom Lebensmittelkundler und Mikrobiologen ganz zu schweigen.

Großtierpraktiker

Er ist selten zu Hause anzutreffen und hält auch keine Sprechstunden für Kleintier-Patienten ab. In Notfällen wird aber auch der Großtierpraktiker Ihrem Hund helfen, also etwa, wenn Verletzungen zu versorgen sind. Auf

UNSER TIP

Bleiben Sie bei Ihrem Haustierarzt! Die fachliche Qualifikation ist in Deutschland allgemein hoch und von Laien praktisch nicht zu beurteilen. Ein Wechsel des Arztes schafft meist nur Verdruß. Wie beim Hausarzt ist es wichtig, daß Sie und Ihr Hund bekannt sind. So entwickelt sich ein Vertrauensverhältnis.

Anforderung führt er auch die üblichen Impfungen durch. Sie müssen
sich nur auf jeden Fall ausdrücklich
mit ihm verabreden. Ein großes Interesse für die Belange der Kleintiere
werden Sie allerdings nicht erwarten
können, wohl aber fachgerechte Hilfe
und guten Rat, wie die Behandlung,
falls erforderlich, fortgesetzt werden
soll.

Großtierpraktiker mit Kleintieranteil
Diese Kollegen halten trotz aller
Unrast, die in einer Großtierpraxis
herrscht, regelmäßig Sprechstunden
für Kleintiere ab. Das Interesse an

Meist auf Achse, aber per Funk dennoch immer gut erreichbar: der Großtierpraktiker

Kleintieren ist groß und die fachliche
Qualifikation meist ausgezeichnet.

Kleintierpraktiker
Seine Praxis liegt meist in einer Stadt,
und das Praxisschild weist regelmäßige Sprechstunden aus. Dank der allgemeinen Motorisierung sind auch
Kleintierpraxen im ländlichen Gebiet
gut zu erreichen. Sie müssen zwar
weiter fahren, finden dafür aber leichter einen Parkplatz.

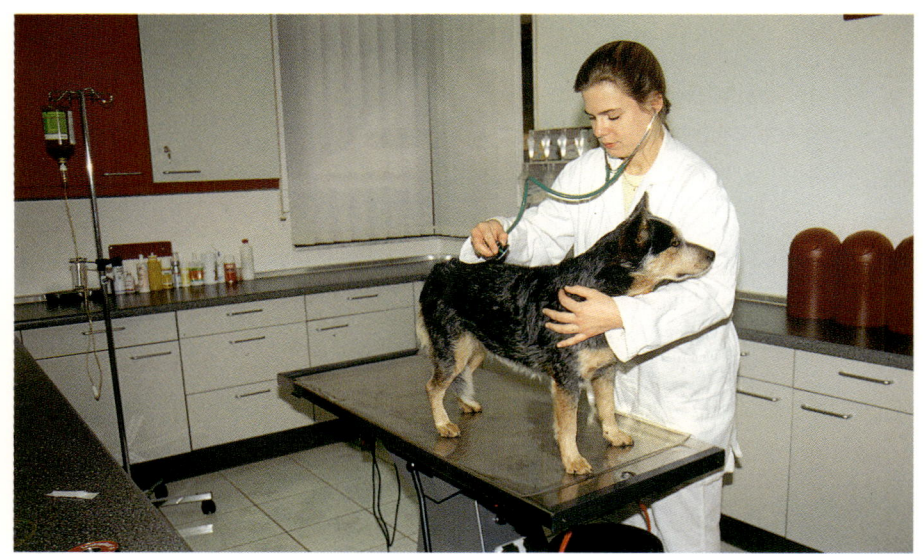

Hausbesuche finden im Regelfall nicht (oder nur in dringenden Fällen) statt. Bedenken Sie bitte: Selbst wenn Sie ein Taxi benutzen, um zur Praxis zu gelangen, wird die Rechnung geringer, als wenn der Tierarzt herumfahren und Ihre Wohnung erst suchen muß.

Im Sprechzimmer des Tierarztes ist auch der forscheste Hund lammfromm und daher leicht zu behandeln, zumal wenn man geschickte Praxishelfer hat. Da, wo er zu Hause ist, wehrt er sich seiner Haut und glaubt, unbedingt sein Revier verteidigen zu müssen. Wenn es also irgendwie möglich ist, sollten Sie mit Ihrem Patienten

In der Kleintierpraxis wurde mittlerweile ein hoher medizintechnischer Standard erreicht

den Tierarzt aufsuchen und nicht um einen Hausbesuch bitten.

Spezialist

Während in der Humanmedizin die einzelnen Sparten in Spezialbereiche aufgeteilt sind, beherrscht der Kleintierpraktiker das gesamte Spektrum gleichzeitig: die große und die kleine Chirurgie, die Geburtshilfe, die inneren Erkrankungen, die die Mehrzahl aller Praxisfälle ausmachen, und vieles mehr.

Daneben entwickelt jeder Tierarzt noch besondere Interessen und spezialisiert sich auf diesen Gebieten. Das setzt dann auch eine bestimmte Ausstattung voraus.

Klinik

Neben den Hochschulkliniken gibt es in Deutschland inzwischen zahlreiche Tierkliniken, die im Regelfall für die Behandlung von Kleintieren und Pferden eingerichtet sind.

Diese Kliniken haben einen großen Vorteil: Sie können Ihren Hund dort abgeben und nach angemessener Zeit – hoffentlich geheilt – wieder abholen. Damit ersparen Sie sich Unruhe im Haushalt und viele Sorgen. Das Tier wird nach einer Operation mit Infusionen, Wärmelampen und anderen Techniken so versorgt, wie Sie es zu Hause gar nicht könnten. Bei großen Eingriffen ist das lebenswichtig. Ansonsten ist Ihr Hund in seinem Heim besser aufgehoben, denn hier kann er seine Krankheit in Ruhe auskurieren, ohne daß er sich in fremder Umgebung noch mit Heimweh plagen muß.

Amtstierarzt

Er ist Beamter und hat seine Dienststunden in einem Veterinäramt. Dabei übt er keine Praxis aus, sondern prüft die Qualität der Lebensmittel, ist für den Tierschutz zuständig und überwacht und bekämpft die gravierendsten Tierseuchen. Er allein ist zuständig, wenn es etwa um Tollwutgefahr geht. Jeder Seuchenverdacht muß dem Amtstierarzt gemeldet werden, und er entscheidet über die Maßnahmen, die zu treffen sind.

Wichtig: Im Veterinäramt erhalten Sie verbindliche Auskunft über Ein- und Ausreisebestimmungen für Tiere.

Hundeexperte

Zuchtwarte von Vereinen, langjährige Züchter und andere, die sich ausführlich mit Hunden befaßt haben, gelten mit gutem Recht als Experten. Der Tierarzt wird sie nicht als Konkurrenz betrachten. Den Rat eines solchen Experten können Sie ruhig annehmen, vorausgesetzt, er ist ein ausgewiesener Fachmann. In einem Punkt unterscheidet er sich allerdings vom Tierarzt. Jeder Tierarzt hat sich während seines Studiums intensiv mit der Tierheilkunde beschäftigt. Auf dieser Grundlage erwirbt er im Laufe seiner Praxis einen Erfahrungsschatz; doch eben diese Grundlage fehlt dem Experten. Einen guten Experten erkennen Sie daran, daß er sich seiner Grenzen bewußt ist.

⚈ Anhang ⚈

Fachwörterverzeichnis

Adipositas: Fettsucht
Alopezie: Haarlosigkeit
Anabolika: muskelaufbauende Stoffe
Analgetika: Schmerzmittel
Anus: After
Arterie: Schlagader
Askariden: Spulwürmer
Aszites: Bauchwassersucht
Bronchitis: Entzündung der Luftwege
   (Bronchien)
Demodex: Haarbalgmilbe
Diabetes: Zuckerkrankheit
Diarrhö: Durchfall
Dysplasie: Fehlbildung
Ektropium: Abklappung des Augenlides
Ekzem: Hautentzündung
Entropium: Einrollung des Augenlides
   (Rollid)
Epilepsie: Fallsucht
Fraktur: Knochenbruch
Furunkel: Haarbalgentzündung
Gastritis: Magenentzündung
Hard pad disease: Hartballenkrankheit
   (Staupeform)
Hepatitis: Leberentzündung
Hepatitis contagiosa canis:
   ansteckende Leberentzündung
Hernie: Eingeweidebruch
Ileus: Darmverschluß

Intertrigo: Zwischenzehenekzem
Invagination: Einschiebung
Ixodes ricinus: Holzbock (Zecke)
Kastration: Entfernung der Keimdrüsen
   (Hoden, Eierstock)
Kennel cough: Zwingerhusten
Keratokonjunktivitis sicca: trockene
   Horn-/Bindehautentzündung
Koitus: Deckakt
Konjunktivitis: Bindehautentzündung
Koprostase: Kotstauung
Laryngitis: Kehlkopfentzündung
Larynx: Kehlkopf
Lumbago: Hexenschuß
Nephritis: Nierenentzündung
Othämatom: Blutohr (Bluterguß an
   Ohrmuschel)
Otitis externa: Entzündung des
   äußeren Gehörgangs
Otitis media: Mittelohrentzündung
Parvovirose: „Katzenseuche"
Pneumonie: Lungenentzündung
Prostata: Vorsteherdrüse
Pruritus: Juckreiz
Pruritus sine materia: Juckreiz ohne
   erkennbare Ursache
Pyometra: eitrige Gebärmutter-
   entzündung
Rabies: Tollwut
Räude: Krätze; Hautentzündung durch
   Milben

Sarcoptes: Grabmilbe
Satyriasis: übersteigerter Geschlechts-
    trieb (Rüde)
Sterilisation: Unfruchtbarmachung;
    Trieb erhalten
Suppositorium: Zäpfchen
Tetanus: Starrkrampf
Toxoplasmose: Infektionskrankheit
    (Einzeller)
Trachea: Luftröhre
Tumor: Geschwulst; Schwellung
Ulkus: Geschwür
Vene: Blutader
Volvulus: Darmdrehung
Vomitus: Erbrechen
Zestoden: Bandwürmer
Zystitis: Blasenentzündung

Kontaktadressen

Deutschland
DTB – Deutscher Tierschutzbund
Baumschulallee 15, 53115 Bonn
Tel.: 02 28 – 63 10 05 / 06
Zentrales Haustierregister
Tel.: 02 28 – 69 77 01

**IDH – Interessengemeinschaft
Deutscher Hundehalter**
Auguststraße 5, 22085 Hamburg
Tel.: 0 40 – 45 47 61

**VDH – Verband für das Deutsche
Hundewesen**
Westfalendamm 174, 44141 Dortmund
Tel.: 02 31 – 56 50 00

Österreich
**Zentralverband der Österreichischen
Tierschutzvereine & Wiener
Tierschutzverein**
Khleslplatz 6, A-1120 Wien
Tel.: 01 – 8 04 77 74

**ÖKV – Österreichischer
Kynologenverband**
Johann-Teufel-Gasse 8, A-1238 Wien
Tel.: 01 – 88 70 92 / 93

Schweiz
**STS – Schweizer Tierschutz
Zentralsekretariat**
Birsfelderstraße 45, CH-4052 Basel
Tel.: 0 61 – 3 11 21 10

**SKG – Schweizerische Kynologische
Gesellschaft**
Länggaßstraße 8, CH-3001 Bern
Tel.: 0 31 – 3 13 01 58 19

Register

In derselben Reihe sind u. a.
bisher erschienen:
„Yorkshire Terrier" (Nr. 1642)
„Neufundländer und Landseer"
(Nr. 1644)
„Mischlingshunde" (Nr. 1511)
„Ein neues Zuhause für Streuner und
Tierheimhund" (Nr. 1512)
„Chihuahua" (Nr. 1597)
„Schäferhunde" (Nr. 1513)
„Komm! Sitz! Platz!" (Nr. 1469)

Bei diesem Buch handelt es sich um
eine überarbeitete und neugestaltete
Ausgabe des Bandes „Hundekrankheiten"
Nr. 1077.

Umschlaggestaltung: Peter Udo Pinzer
Layout: David Barclay, Neu-Anspach
Redaktion: Dr. Reitter & Partner GmbH,
Dr. Gabriele Schweickhardt
Redaktion der Nachauflage:
Anna Jenrich / Petra Volkmar
Herstellung: Dr. Reitter & Partner GmbH,
Vaterstetten
Titelbild: Lothar Lenz, Cochem
Umschlagrückseite: Naturfotografie
Werner Layer, Mannheim
Fotos: Bildagentur IPO, Linsengericht/
Altenhaßlau: 14, 19, 21, 22, 25, 26, 32,
37, 42, 49, 57, 60, 65, 69, 75, 79, 86,
89, 90
Naturfotografie W. Layer, Mannheim:
1, 5 unten, 6, 7, 30, 93
Reinhard-Tierfoto, Heiligenkreuzsteinach-
Eiterbach: 2/3, 4, 5 oben, 16, 24, 28, 35
Zeichnungen: Gerhard Scholz, Dornburg:
68; alle übrigen Zeichnungen: **Gabriele
Hampel,** Kelkheim

ISBN 3 8068 1604 2

Satz: Dr. Reitter & Partner GmbH,
Vaterstetten
Gesamtkonzeption: Falken-Verlag GmbH,
D-65527 Niedernhausen/Ts.

817 2635 4453